超级个体，
超限人生

易天朝 著

图书在版编目（CIP）数据

超级个体，超限人生 / 易天朝著. -- 北京：当代世界出版社，2025.1. --ISBN 978-7-5090-1866-8

I. F241.4-49

中国国家版本馆 CIP 数据核字第 20243ZP441 号

书　　名	超级个体，超限人生
作　　者	易天朝
出 品 人	李双伍
监　　制	吕辉
责任编辑	孙真
特约策划	郑春蕾
出版发行	当代世界出版社
地　　址	北京市东城区地安门东大街 70-9 号
邮　　编	100009
邮　　箱	ddsjchubanshe@163.com
编务电话	（010）83907528
	（010）83908410 转 804
发行电话	（010）83908410 转 812
传　　真	（010）83908410 转 806
经　　销	新华书店
印　　刷	北京汇瑞嘉合文化发展有限公司
开　　本	710 毫米 × 1000 毫米　1/16
印　　张	13.5
字　　数	168 千字
版　　次	2025 年 1 月第 1 版
印　　次	2025 年 1 月第 1 次
书　　号	ISBN 978-7-5090-1866-8
定　　价	68.00 元

法律顾问：北京市东卫律师事务所　钱汪龙律师团队（010）65542827
版权所有，翻印必究；未经许可，不得转载。

前言 PREFACE

我们身处一个瞬息万变的时代，每个人都是这个时代的见证者，更是参与者。作为资深创业导师，我有幸与这个伟大时代同行，深度参与成百上千创业者的成长历程，亲身感受他们的激情、困惑与坚韧。正是这些刻骨铭心的经历，激发了我创作此书的热情。本书旨在分享创业智慧，助力每一位有梦想的读者，帮助他们蜕变为真正的"超级个体"。

在我的创业营和创业咨询生涯中，我邂逅了形形色色的创业者。他们中有朝气蓬勃的青年，怀揣改变世界的壮志；也有历经商场沉浮的资深人士，渴望再创事业高峰。他们带来的故事，充满了挑战与失败，也闪耀着梦想与成功的光芒。

有一位创业者的经历让我特别难以忘怀。他曾因缺乏创业策略与行动智慧而屡屡受挫，几乎走到了放弃的边缘。然而，正是这些接连不断的挫折，激发了他深入钻研、不懈探索的志向。最终，他成功地将所学智慧运用于实践，实现了事业的华丽转身。这样的故事并非个例，它告诉我们：正确的创业策略与行动智慧，不仅是突破困境的利器，更是推动事业腾飞的强大引擎。

因此，本书不仅讲授创业的具体策略和智慧，也分享那些创业者在摸爬滚打中积累的宝贵经验。这些经验或许无法直接转化为经济效益，却是构筑"超级个体"的重要基石。

除了实用的创业策略和案例，本书还致力于探寻创业背后的深层逻辑与卓越智慧。例如，在追求事业成功的过程中，我们应该如何坚守初心、抵御短期利益的诱惑；在遭遇困境时，我们又该如何调整心态、坚定信念、勇往直前。

这本书在某种程度上也凝结了我多年职场和创业生涯的精髓。每一次与创业者的深入交流、每一次对企业的实地调研，都加深了我对这个时代以及创业者们的理解。我期望通过分享这些深刻的见解与体验，鼓舞更多的人勇敢地投身创业大潮，成为独一无二的"超级个体"。

最后，我要向所有给予我启发的创业者致以最诚挚的感谢。是你们的奋斗故事赋予了我撰写此书的动力和灵感，是你们的坚持与拼搏让我看到了创业路上的无限风光。愿这本书能成为你们追梦路上的明灯，照亮你们前行的方向，引领你们走向更加辉煌的未来。

易天朝

2024 年 7 月 28 日

第一章 认知觉醒：超级个体的起点

何谓三观？——奠定人生基石的世界观、人生观、价值观 …………… 3
信念的力量——驱动人生的内在动力 ………………………………… 8
认知决定命运——提升认知，解锁新世界 …………………………… 11
人生复利价值——耐心等待，让成长翻倍 …………………………… 14

第二章 财务自由之路：实现人生新高度

什么是财务自由？——探索财富的真谛 ……………………………… 21
挑水还是挖井？——财富积累的策略选择 …………………………… 24
从财务自由到心灵自由——人生的全面解放 ………………………… 29

第三章 趋势洞察：站在时代的风口

人生无处不选择——选对赛道，赢在起跑线 ………………………… 39
信任无价——建立人际关系的黄金法则 ……………………………… 41

放大你的价值——杠杆效应在人生中的应用 ………………… 48

第四章　平台与圈层：构建超级个体的网络

平台的价值——站在巨人的肩膀上 ………………………………… 55
圈层里的机会——发现并抓住隐性资源 …………………………… 60
选择高能级城市——地理位置对个人发展的重要性 ……………… 63

第五章　个人发展策略：从优秀到卓越

你的人生你负责——自主成长的关键思维 ………………………… 71
五年活出一辈子的精彩——高效人生的时间管理 ………………… 74
如何成为杰出人才？——挖掘潜能，突破自我 …………………… 76
优先级设定——决定什么才是最重要的 …………………………… 81
自我关爱——在忙碌中不忘照顾自己 ……………………………… 83
灵活适应——应对生活与创业中的变化 …………………………… 86

第六章　自我修炼：超级个体的内在成长

提升思维能力——思维模式的升级与进化 ………………………… 93
修身养性——塑造性格，发展情商 ………………………………… 101
道义之锚——精神信仰与理想信念 ………………………………… 104

第七章 网络化生存：构建个人品牌

自媒体：网络化时代个人品牌的最好载体 …………… 111

环境剧变，考验你网络化生存能力的时候到了 …………… 114

离开公司，我们什么都不是——个人品牌的重要性 …………… 117

步步为营——个人品牌战略规划与实践 …………… 121

第八章 成功之道：超级个体的智慧与行动

成功可以有捷径——高效方法与策略的运用 …………… 129

你以为的努力，可能是无效努力——精准努力的智慧 …………… 135

把握人生的关键时刻——决策与行动的勇气与智慧 …………… 138

毅力与坚持——面对困难，决不放弃 …………… 140

不断反思与调整——确保你始终在正确的道路上 …………… 143

第九章 创业智慧：轻松起步，稳健前行

创业新视角：超越盈利与增长，探索创业的多元价值 …………… 149

精准定位：找到你的市场与竞争优势 …………… 152

创新驱动：用创意点燃你的企业 …………… 156

外借资源：顾问与教练让你赢在起跑线上 …………… 159

团队建设：打造一支同心协力的队伍 …………… 165

持续发展：为企业的未来铺设坚实基础 …………… 170

第十章　美好生活：生活与创业双赢

追求美好：从海市蜃楼到触手可及的现实…………………………181

实践平衡：在忙碌与悠闲之间找到最佳点…………………………189

休闲与放松：为身心充电的必要环节…………………………………199

家庭与工作：如何和谐共存，实现双赢……………………………203

后记：时代成就超级个体，奋斗创造超限人生………………207

第一章
认知觉醒：超级个体的起点

何谓三观？——奠定人生基石的世界观、人生观、价值观

大家经常说，三观很重要。连男女朋友分手，都常常被冠以"三观不合"的理由。

但如果问起，"三观"到底是什么？可能很多人都答不上来。

"三观"中的"观"是指"观念"。观念是人对事物的认识，是人脑对事物的反映，具有主观色彩。

对于同一事物，不同的人有不同的看法，因此就会有不同的"三观"。

社会地位决定人的观念。所谓"屁股决定脑袋"就是这个意思。人所处的位置，会影响人对事物的看法、看问题的角度、所持有的立场以及做事的方式。

同一个人，对待同一件事，若处于不同的位置，看待问题和处理问题的方式有可能完全相反。"位置"本质上就是利益，利益的背后则是生存空间。

小王是一个创业者，他创办了一家小型科技公司。公司初创时，小王和他的合伙人小李共同管理公司。随着公司不断发展，他们面临一个重要的决策：是否接受一笔来自大公司的战略投资。

小王的视角

作为公司的创始人和CEO，小王看待这个问题主要是从公司的长远发展和保持独立性角度出发的。他担心接受大公司的投资后，公司的战略方向和日常运营会受到干涉，甚至公司会被大公司逐渐吞噬。因此，小王倾向于拒绝这笔投资，寻求其他更加独立的融资方式。

小李的视角

作为公司的CTO和合伙人，小李更看重资金对公司技术研发的推动作用。他认为，接受大公司的投资不仅可以为公司带来充足的研发资金，还能借助大公司的资源和网络，加速公司的技术创新和市场拓展。因此，小李倾向于接受这笔投资。

解读

在这个案例中，小王和小李面对的是同一个问题：是否接受大公司的战略投资。然而，由于他们所处的"位置"不同，即小王作为CEO更关注公司的独立性和长远发展，而小李作为CTO更看重技术研发和市场拓展的机会，他们在看待和处理这个问题时产生了截然不同的观点。

这背后的核心就是"利益"，这里的利益不仅仅是经济利益，还包括公司的控制权、战略方向、团队文化等多重因素。而这些因素，归根结底都关系到小王和小李各自的"生存空间"，即小王希望公司拥有独立性和良好长远发展，而小李希望通过外部资源来加速公司的成长。

"三观"是指三种观念，也就是通常所说的世界观、人生观和价值观，是人对世界、对人生以及对事物价值的看法和观点。

1. 什么是世界观

世界观，是人看待世界的方式，是人脑对世界的反映。既然是"反映"，就会有正确的反映，也会有错误的反映，也就有所谓"正确的世界观"和"错误的世界观"。

什么是正确的世界观？简单点说，就是能够正确反映真实世界的观念。

我们经常说，要找到事物的客观规律，就是要去寻找决定世界运行的真实规律和底层规律，以历史的、发展的、科学的、辩证的、全面的眼光看世界，就有可能更立体、更通透、更接近真实的世界。只有这样，才能找到解决问题的真正钥匙。

比如，科学就是通过观察、实验，提出科学假设，并进行检验和论证，从而找到正确的结论，以期发现真实世界的客观规律。

再比如，"日光之下，并无新事"，就是说真实世界是有规律可循的，很多事情是可能重复出现的，如果找到这些规律，就能正确地应对这个世界。

但事实上，我们所看到和反映到自己大脑中的世界，经常不一定是真实的世界。你所认为的世界的样子可能并不是它真实的样子。也就是说，我们可能经常持有"错误的世界观"。

以下是一些生活中的例子，可以帮我们理解这一点。

社交媒体滤镜：在社交媒体上，人们经常使用各种滤镜和美颜功能来优化自己的照片。这可能导致其他人对这些照片里的人产生错误的印象，认为照片中的人实际看起来就是这样美丽或帅气。这种经过修饰的表象可能会让人们持有关于外貌的错误观念。

新闻报道的选择性： 新闻媒体往往会根据自身的立场、观众的兴趣和广告收入等因素筛选报道内容。这可能导致公众对某些事件或现象产生片面的认识，从而形成错误的世界观。例如，如果媒体过度报道犯罪事件，可能会让人们认为社会治安状况很差，而实际上可能并非如此。

文化刻板印象： 人们往往根据自身所处的文化背景对其他人或事物形成刻板印象。例如，某些人可能认为所有东方人都擅长数学或所有西方人都喜欢吃汉堡。这些刻板印象可能并不准确，却影响了人们对世界的看法和理解。

人们认识世界，有一个从浅到深，从表象到本质，从模糊到清晰，从不正确到相对正确，甚至重新否定再认识的不断完善、不断发展的过程。

我们只有不断地磨砺，不断地优化，让自己不断去接近真实的世界，才能更自由地"征服"世界、"改造"世界。

2. 什么是人生观

人生观就是对人生目的和意义的根本看法，是对"人为什么活着"这个问题的回答，通过人生目的、人生态度和人生价值体现出来。

不同的人，有着不同的人生目的、不同的人生态度和不同的人生价值。

比如，可能每个人都希望自己的人生很成功，但每个人对于"成功"的定义是不同的。有的人把"为社会作出贡献"定义为成功,有的人把"实现财务自由"定义为成功,有的人把"将孩子培养成才"视为成功。

而对于"贡献",对于"财务自由",对于"成才",不同的人又有不同的衡量尺度。

不同的人也有着不同的人生态度。

比如,有的人认为"一切皆有可能",有的人认为"一切皆不可能";有的人积极进取,有的人得过且过、随波逐流;有的人"普度世人""积德行善",有的人"宁要天下人负我,我不负天下人"。

不同的人对于人生价值、人生意义的看法也不同。

比如,有的人"以其人对于当代所做的工作为尺度"衡量一个人的人生价值,有的人认为"人生的价值,并不是用时间,而是用深度去衡量的",有的人认为"一个人的价值,在于他贡献了什么,而不是他取得了什么"。

3. 什么是价值观

价值观是对事物进行价值评价和价值判断的标准,以及价值实现方式与路径。有时候,价值观也被称为"做人的底线"。

比如,有的人"真诚待人",有的人"坑蒙拐骗";有的人奉行"人人为我,我为人人",有的人奉行"人不为己,天诛地灭";有的人认为"君子爱财,取之有道",有的人却"目标导向,不择手段"。

价值观决定价值取向,决定人的选择,也决定人的行为方式,从而决定了最终的结果。

奉行"人不为己,天诛地灭",倾向"目标导向,不择手段",采取"坑蒙拐骗"的方式去博取个人利益的人,骗得了一时,骗不了一世，到头来只会"众叛亲离"，成为"孤家寡人"；奉行"人人为我，我为人人""君子爱财，取之有道""真诚待人"的人，就有可能收获友谊和尊重，实现"多赢"，成就幸福人生。

当今社会，价值观日趋多元，各种新的价值观体系也会给旧有的价值观体系带来冲击，从而影响和重塑人的价值观，每个人也有必要不断地审视和澄清自己的价值观。

世界观、人生观和价值观是一个有机的整体，世界观决定人生观，人生观决定价值观，价值观引导人生走向。

一个人的"三观"通常是统一的，如果不统一，那他就可能活得很纠结、很矛盾、很痛苦。

人的"三观"又是不断发展、不断完善、不断优化的。随着人自身不断发展，随着人的社会角色、社会地位发生变化，他的"三观"也会相应地发生变化。

信念的力量——驱动人生的内在动力

信念是什么？

1. 信念是对一件事情必将达成的信心，是一种精神力量

有人不相信信念一类的精神力量，认为这种东西是唯心的。但的确有很多人因为信念，最终达成了看似不可能的目标。

比如，有些人身患残疾，但坚信自己能够做到正常人所能做到的事情，经过无数次的练习与努力，克服了种种困难，最终达成了自己的目标。

尼克·武伊契奇是一个天生没有四肢的残疾人，但他从未让身体的缺陷定义自己。尽管面临巨大的身体挑战，他始终坚信自己能够过上正常人的生活，并立志要成为一个激励他人的人。

尼克在成长过程中经历了许多困难和挫折，但他从未放弃。他学会了独立生活，包括独立刷牙、洗澡，甚至游泳和冲浪。他通过无数次的练习和努力，不仅做到了生活自理，还成了一位出色的演讲家和激励者。

他的故事激励了数百万人，让他们相信，无论面临何种困难，只要有坚定的信念和付出不懈的努力，就一定能够克服障碍，实现自己的目标。尼克用自己的行动证明了"身残志坚"的力量，成了一个真正的榜样。

信念具有指引方向的作用，能够引领人们百折不挠地向着目标前进，坚信尽管历经多次失败，最终会迎来胜利的曙光。

爱迪生梦想着能用电点亮灯，他坚信一定能找到合适的材料，为人类带来光明，历经一千多次失败，最终获得了成功。

信念具有强大的动力，能够帮助你度过艰难与挫折，支撑你以惊人的毅力战胜困难与阻力。

信念就是一种必胜的信心。当年红军缺衣少食，在前有堵截后有追兵的情况下，凭着坚强的信念支持，历经艰险，完成了二万五千里长征。

信念也具有自我暗示的作用，能够激励你调整情绪，以积极的心态面对所有问题与挑战，从而专注于目标的达成，实现自己的梦想。

人们常说，"像"比"是"重要，先想象梦想中的自己，他能在潜移默化中影响你的思维与行为，让你向着正确的道路前进，最终成为自己想要的样子。

2. 信念是一种志向，有志者事竟成

有志者立长志，无志者常立志。信念是一种长期主义，一个人坚信长期的目标，就能克服眼前的困难，就会放弃短期的利益，为未来投资，进而达成理想中的目标。信念也是一种意志力量，一个人如果坚信自己一定能达成目标，就会聚焦于解决问题，淡化困难，从而找到实现目标的办法。

如果信心不足，人就有可能被困难吓倒，畏缩不前，或者顾虑重重，不能倾注全力，激发潜能，最终导致半途而废，无功而返。

伏尔泰说："伟大的事业需要始终不渝的精神"。

这种精神，就是坚强的信念。

在一个繁华的城市角落，张华的梦想正悄然绽放。她热爱有机食品，不仅仅是因为其具有健康、安全的品质，更是因为她深知，每一份健康的食材都能为人们的餐桌增添一份安心。

几年前，当张华决定在中高端社区附近开设一家有机食品店时，她的决定引起了不少质疑。毕竟，有机食品的价格相对较高，市场能否接受还是未知数。但张华心中有一个坚定的信念：提供健康、安全的有机食品，是社会的需求，也是她的使命。

为了找到最优质的有机食材，张华亲自走访了多个有机农场，与农民深入交流，确保从源头把控食品质量。门店内，每一份食品都经过她的严格挑选和检测，只有符合有机标准才能上架销售。

为了让更多人了解有机食品的好处，张华不仅在店内提供免费试

吃和营养咨询，还经常举办健康讲座，与消费者分享有机食品的知识和烹饪技巧。她的专业和热情，为她赢得了越来越多消费者的信任和喜爱。

然而，经营之路并非一帆风顺。初期，由于有机食品价格较高，市场对其接受度有限。面对这一挑战，张华并没有退缩。她坚信有机食品的市场潜力，不断调整定价策略，推出会员制度，吸引和留住了一批忠实客户。

几年过去了，张华的有机食品店已经成了当地的知名品牌。店内的客流量稳定增长，销售额也逐年攀升。更重要的是，她的信念和坚持感染了周边社区，让越来越多的人开始关注和选择有机食品。

如今，每当看到店内络绎不绝的顾客，张华都会由衷地感到欣慰。她知道，自己的信念和努力已经得到了最好的回报。而这一切，都源于她对有机食品的热爱和坚持。

认知决定命运——提升认知，解锁新世界

时势造英雄，那如何认清时势，抓住时势的机会呢？

首先需要有判断能力，也就是需要认清时势，正确地认识真实的世界，理解世界的运行规则，这就是通常说的，先了解游戏规则。

比如，有人说"工字不出头"，意思是打工是没有出头之日的，职场是有天花板的。如果想追求更大的人生价值、更多的财富，就需要适时变换赛道，如创业、投资，或者多维度打造个人竞争力，去追求更丰富的人生。如果没有这样的认知，一直在单一职场中打拼，在单一赛道上竞争，职业发展难免会遭遇天花板。而且，即便是在"工

字不出头"的职场，如果不能理解职场规则，也不可能获得升迁。这也就是人们常说的，"既要低头拉车，也要抬头看路"。我们要不断提高自己的认知，看到更广阔的世界，去顺应世界运行的规则，从而不断成长、不断跃阶。

李军，曾是知名公司的高级经理，享受着高薪与稳定的生活。但职场的光环并未满足他对实现更大人生价值的渴望。他总觉得，自己还能做些更有意义的事情。

一天，在深入研究市场趋势时，他的目光被健康产业吸引。随着人们生活水平提高，健康已经成为大众越来越关注的焦点。他看到，这不仅是一个市场机会，更是一个可以为社会创造价值的契机。

于是，他作出了一个惊人的决定——辞职创业。没有团队，没有资金，只有一颗满怀热情的心，李军就这样一个人踏上了创业的征途。

起初，他面临的困难重重。资金短缺，让他在选择产品、租赁办公场地时捉襟见肘；没有团队支持，所有的决策、执行都需要他亲力亲为；市场竞争激烈，想要脱颖而出并非易事。但李军从未退缩，他坚信，只要心中有梦，就没有过不去的坎。

为了打开市场，李军巧妙地借助了抖音平台。他深知，在这个信息爆炸的时代，想要被人们记住，就必须有独特的声音。于是，他开始以短视频的形式，分享自己对健康生活的理解和实践。没有华丽的场景，没有专业的摄影设备，只有一颗真诚的心和对健康的热爱。

就这样，李军的视频在抖音上逐渐走红。他的真诚和专业打动了无数网友，粉丝数量持续攀升。人们开始关注他，信任他，甚至有人主动联系他，希望成为他的合作伙伴或投资者。

随着时间的推移，李军从一个人到拥有一个小团队，再到拥有一个颇具规模的企业，成功地打破了职场的天花板，实现了更大的人生价值和财富积累。更重要的是，他为社会创造了一种新的健康生活方式，让更多的人受益了。

李军的创业故事告诉我们：只要敢于追梦，勇于挑战，即使面临很多的困难，也能够走出一条属于自己的道路。

再比如，前十几年房地产市场的发展突飞猛进，有人凭借京沪一套房产坐拥千万财富，实在是让很多三四线城市的人羡慕。这种房产增值的逻辑，源于货币、土地、人口，以及中国近几十年城镇化的飞速发展。一个人想通过房产投资致富，既需要理解宏观环境层面各种因素对房地产的影响，也需要了解微观层面的各种实操细节。只有全面了解房产升值的内在真实逻辑，掌握房产投资各个方面的运行规则，才能享受中国这轮波澜壮阔的房产增值红利。

赵阳是一个生活在三线城市的普通职员，一直听闻京沪等一线城市的房产市场如火如荼，房产价值连年上涨。看到身边有朋友在北京和上海投资房产赚得盆满钵满，他心动不已，也希望通过房产投资实现财富的快速增值。

然而，赵阳并没有深入了解房产市场的宏观环境和微观实操细节。他只是简单地认为，只要在一线城市买房，就一定能赚钱。于是，他倾其所有，甚至借了一些外债，在北京郊区购买了一套公寓。

买房后不久，政府就出台了新的调控政策，对房地产市场的过热现象进行了干预，如一系列限购限贷政策等，导致市场需求下降，房价增长放缓。同时，由于赵阳购买的公寓位于郊区，交通不便，配套设施不完善，出租也面临困难。

更糟糕的是，赵阳没有预料到，他投资的区域未能吸引到大量的人口，所以城镇化进程也并未如他预期的那样迅速。相反，由于该地区的经济发展滞后，人口外流严重，房产市场供过于求，房价不升反降。

几年后，赵阳发现他的房产投资不仅没有带来预期的收益，反而成了一个巨大的负担。由于房价下跌，他的房产价值大幅缩水；而且由于出租困难，他还需要承担持续的房贷和物业管理费用。最终，赵阳不得不以低价出售房产，承受了巨大的经济损失。

这个反面案例告诉我们，投资并非简单的买卖行为。如果认知不足，没有深入理解宏观环境层面各种因素的影响，没有掌握微观层面的实操细节，就很难在投资中取得成功。

人生复利价值——耐心等待，让成长翻倍

复利的价值只是理论价值，从理论到实践，中间隔了十万八千里远。

通过实践复利理论获得巨大收益的人会礼赞它，而在追涨杀跌中一无所有的人会诅咒它，认为这是"复利的谎言"。

而那些从复利投资中获取了巨大收益，反而说复利是"骗术"的人，要么是想靠"惊悚"的标题吸引眼球，要么是居心不良。

前些年投资房产获利的那些人，就是利用了复利的价值，买到一种不断上涨的标的，长期持有，从而锁定了利润。

而在股市中"追涨杀跌"追求波段收益的那些人，由于无法准确判断短期走势，会赚了又亏，无法收获一些优质个股不断上涨的红利。

腾讯2004年在港股上市，之后其股价累计涨幅最高达400倍，虽然中间有无数次波动，但如果一个人长期持有腾讯公司股票，便能收获腾讯公司成长所带来的长期收益。

万科股东刘元生，在万科上市时买入360万元原始股，长持三十几年，期间也曾遭遇股价起伏，比如2007年牛市顶点后万科股价跌幅达80%，但最后获取了巨大收益。这是因为，万科公司自身的成长性带来了复利价值。

很少有资产只涨不跌，任何资产都有可能出现价格波动，选择优质资产长期持有，正是为了平滑波动，获得长期相对稳定的回报。

简单地从长期趋势中截取一个较短的时间区间，去放大了看，说里面有涨有跌，跌的时候也赔了很多，收益都是后面又涨起来的，这本来就是断章取义。如果能够每次预测准确，那就去搏波段收益好了，把把赢的话，肯定比长持的收益更高。问题是做不到啊。

实践中的亏与赚，是由个人选筹、择时，以及是否坚定地长持决定的，这与个人能力有关，跟复利理论本身无关。复利理论只是揭示客观规律，怎么运用是当事人自己的事。

娃娃舞大锤伤到自己，只能怪自己能力有限、学艺不精，不能把责任推到大锤身上。

复利理论并没有说，你随便买什么，长持就能获得复利价值。最终获得多大的价值和回报，与你所选的标的能否带来持续的盈利有关。如果你所持有的标的是持续的负收益，按照复利理论，最终会南辕北辙，越亏越多。

如果你听信某些人利用"复利"的幌子，向你兜售并没有长持价值的资产的言论，从而遭受损失，那就只能怪自己缺乏判断力。

人生也是如此。

有的人坚持投资自己，一点一点不断成长，最后在某些方面获得了耀眼的成绩。而有些人要么随波逐流，要么原地踏步，要么投机取巧，到头来一事无成。

即便是跑步、健身这样相对来说并不是很难做的事，有些人长期坚持，一点一点改善，收获了复利价值，练出了马甲线或者收获了健康的身体。而有的人三天打鱼两天晒网，或者偶尔突击锻炼几天，无法长期坚持，也就不可能取得期望的结果。

复利价值，毕竟只是理论，想要将理论变成现实，只能依靠人的努力。确定目标，找对方向，持续投入，既容易又不容易，这要靠你自己，决定权在你。

王明一直对健身有着浓厚的兴趣，大学毕业后，他决定将这份热情转化为事业，于是创立了一家健身咨询公司。起初，他的公司规模很小，只有他一个人，但他坚信只要持续投资自己，不断学习健身知识和市场营销技巧，就能够在这个行业中脱颖而出。

投资自己与明确目标

在开始创业之前，王明就已经明确了自己的目标：成为健身咨询领域的专家，并帮助更多的人实现健康生活的目标。为了实现这个目标，他不断地投资自己，参加各种健身培训课程，学习营养学、运动生理学等专业知识，还考取了相关的专业证书。

长期坚持与持续改进

在创业过程中，王明遇到了很多困难和挑战，但他从未放弃。他每天坚持锻炼，不仅是为了保持自己的身材和健康，更是为了以身作则，向客户展示健身的重要性。同时，他也不断改进自己的咨询方法和服务流程，以满足不同客户的需求。

随着时间的推移，王明的健身咨询公司逐渐在行业内拥有了良好的口碑。他的客户群不断扩大，最初只包含个人客户，后来拥有了企业客户，甚至拥有了一些知名的运动员和明星客户。

复利效应的显现

经过多年的努力和积累，王明的健身咨询公司终于迎来了复利效应的显现。他的公司规模不断扩大，团队也不断壮大。更重要的是，他的专业知识和经验得到了广泛的认可和传播，为更多的人带来了健康和快乐。

第二章
财务自由之路:实现人生新高度

什么是财务自由？——探索财富的真谛

近几年，人人都在提财务自由，人人都想实现财务自由，财务自由似乎成了人人追求的目标。

毋庸置疑，财务基础是一个人的基本生存条件，追求财务自由也无可厚非，甚至可以说是人生的必需。但如果将财务自由作为人生唯一的追求，则有些本末倒置。

说到底，财务自由是手段，不是目的。人生的目的不应该仅仅是实现财务自由。

不过，在现实生活中，大多数人辛辛苦苦尚且只能实现小康。于大多数人而言，财务自由成了遥不可及的目标，从而使得财务自由成了事实上的唯一追求，甚至成了奢求。很多人终其一生，都在为了生活而奔波，无从考虑人生的其他意义。

然而，如果仅仅盯着这一目标，无非会有两种结果，一种是实现目标，一种是没能实现目标。

如果能够实现财务自由，自不必说，那是众所期待的结果。如果不能实现财务自由，或者无法实现财务富足，那么终其一生，我们都将为财务拮据所困扰，无法享受人生的其他乐趣，更无法追求人生的更大价值。

从这个角度说，我们不妨跳出财务自由的窠臼，去看看人生的其他意义，追求更有价值的人生目的，在享受人生的过程中，在追求人生更大价值的过程中，顺带解决自己的财务问题，实现财务自由。

比如，我们依据自己的资源禀赋，结合自己的兴趣所在，找到适合自己的领域，深耕多年，就有很大可能取得不凡的成就，在获得极大精神回报的同时，毫无疑问，也会收获极大的物质回报，从而实现精神物质双丰收，创造非凡的人生价值。

如果我们蝇营一生，只是为了生活糊口，而不顾自己的内心感受，违心地工作，不时地诅咒这个带给自己痛苦的世界，于事无补，也无法改变自己的命运。

李强是一个热衷于创业的年轻人，他一直在追求实现财务自由。然而，在连续几次创业尝试后，他发现自己虽然积累了一定的财富，内心深处却感到空虚和失落。他开始怀疑，追求财务自由是否是他真正的人生目标。

在参加我的创业指导营的过程中，李强向我寻求建议。他问我："我已经实现了一定程度的财务自由，为什么还是感到不满足？"我告诉他，财务自由只是手段，而非目的。如果将财务自由视为人生的终极追求，那么一旦达到这个目标，就可能会感到迷茫和失落。

"那么，我该如何找到更有意义的人生目标呢？"李强问道。

我引导他思考自己的兴趣、专长，以及对社会的贡献。我说："你可以尝试从自己的资源和兴趣出发，找到适合自己的领域进行深耕。这样，你不仅能够在精神层面得到满足，还有可能创造更大的社会价值，同时实现财富回报。"

李强陷入了沉思。他回想起自己小时候对科学的热爱，以及曾经梦想成为一名伟大的科学家。然而，年岁的增长和创业的艰辛让他逐渐忘记了这个梦想。

在这次咨询后，李强决定重新点燃对科学的热情。他开始投资并参与一家健康科技创新公司的运营，致力于推动科学技术的进步。几年后，他的公司成功研发出了一项颠覆性的科技产品，不仅赢得了市场的广泛认可，还为社会带来了巨大的价值。

在这个过程中，李强发现自己在追求更有意义的人生目标时，不仅获得了精神上的满足，还实现了更大的财务自由。他深刻地体会到，当我们将目光从单一的财务追求中抽离出来，去探索更广阔的人生价值时，我们才能真正找到属于自己的幸福和满足感。

这个案例告诉我们，追求财务自由并非人生的终极目标。我们应该从自己的兴趣和专长出发，寻找能够为社会创造价值的事业。在这个过程中，我们不仅能够实现精神上的富足，还能顺带解决财务问题，实现真正的人生价值。

又或者，我们可以将财务自由设为短期目标，为了尽快实现它，不妨以终为始，找到正确的途径，以极大的自制，在较短的时间内集中精力实现它，再去追求自己真正想要追求的其他人生目的。

说不定，在这个过程中，我们也能找到自己生命的更大价值，为社会作出更大的贡献，成就自己毕生追求的事业。

总之，在追求财务自由的过程中，我们必须清楚，财富自由本质上并不是目的。

正如著名作家巴金在散文《灯》中所说，"我们不是单靠吃米活着"，我们也不是只为吃饭活着。

活着，应该有更大的意义，有更大的价值。

挑水还是挖井？——财富积累的策略选择

说到财富，我们往往说的是能够存下来的金钱与财产。

平时我们挣得的，是收入。收入减去支出，留存下来的才有可能作为财富储存起来。

这涉及对收入的再分配。

打个形象的比喻，收入是从外部流进来的可以供我们支配的金钱。

这笔钱，我们通常会分成两份，一份用于消费，一份积累起来。

当然，有的人把收入全部用于消费，那么积累就为零。这种做法无异于杀鸡取卵，一次性消费，不考虑未来，也没有留出应对风险的基金。这无疑是非常危险的。

有的人省吃俭用，缩减当下的消费，将更多的收入作为积累留给未来。那么，这样做的结果，也许是明天会更好，也许会被别人一把收割，既没有享受到也没能让收入实现应有的价值。

不过，不管怎么说，只有留存一部分收入，将它积累下来，它才能成为财富。

从这个意义上说，财富是为未来做准备的，是着眼于未来的。

我的一个创业学员李敏从小就对烘焙有着浓厚的兴趣，经常在家里尝试制作各种面包和蛋糕。在多年的烘焙实践中，她磨炼出了精湛的技艺，并积累了一批忠实的"粉丝"。在家人和朋友们的鼓励下，她决定辞职开设自己的烘焙工作室，将爱好变成事业。

创业准备

在创业之前，李敏进行了详细的市场调研。她发现虽然当地的烘焙市场竞争激烈，但多数烘焙店的产品种类相对单一，而且很少有店家注重产品的创新和个性化。于是，她决定以"创新、健康、美味"为理念，打造一家独具特色的烘焙工作室。

收入与支出管理

开业初期，李敏面临着巨大的经济压力。为了维持生计和工作室的运营，她不得不精打细算，认真管理每一分钱。她将每月的收入细致地划分为几个部分：

生活费与运营费用：这一部分包括房租、水电费、原材料采购费、设备维护费等日常开销。李敏会定期与供应商协商价格，确保以最低的成本获得优质的原材料。

未来扩张与应急基金：李敏深知创业的不易，为了应对可能出现的风险和抓住未来的扩张机会，她决定每月将一部分收入存入一个独立的储蓄账户。这部分资金不仅为她提供了经济上的安全感，还为她未来的业务拓展提供了资金支持。

技能提升与市场推广费用：李敏明白，要想在竞争激烈的市场中脱颖而出，必须不断提升自己的专业技能并进行有效的市场推广。因此，她投资参加高级烘焙课程，学习新的制作技术和创新理念。同时，她还利用社交媒体和本地广告进行市场推广，吸引更多的潜在客户。

超级个体，超限人生

挑战与应对

在创业过程中，李敏遇到了不少挑战。例如，某个月份的订单量突然减少，导致收入锐减；设备出现故障，需要紧急维修。在这些关键时刻，她的应急基金发挥了重要作用，帮助她渡过了难关。同时，她也意识到风险管理的重要性，开始更加注重客户关系的维护和产品质量的提升。

结果与成长

经过几年的不懈努力，李敏的烘焙工作室已经发展成为当地知名的烘焙品牌，甚至开始扩展到其他城市。随着业务的稳步增长，她的财富也在逐渐积累。李敏非常明智地将她的收入进行了多元化分配。

首先，她将一部分收入持续投入到业务的再发展和创新中。这包括研发新的烘焙产品、升级设备，以及优化客户服务体验。对于她个人，她还着力于提高自己的创业创新和企业经营管理能力。这些投入为她赢得了更多的市场份额和忠诚客户。

其次，李敏也为自己建立了一个稳健的投资组合。她不仅进行了理财，还参与了一些小型创业项目的天使投资。这些投资为她的财富增长提供了新的动力。

此外，李敏非常注重生活质量和个人兴趣的培养。她每年都会安排一次度假，去世界各地探索不同的文化和美食。这些旅行经历不仅让她的身心得到了放松，还为她带来了不少烘焙灵感。同时，她还热衷于参加各种音乐会和艺术展览，这些活动丰富了她的精神生活，也让她在创业路上始终保持对美好生活的向往和追求。

李敏的烘焙事业不仅为她带来了经济上的成功，还让她在精神层面获得了极大的满足。她用自己的努力和智慧，将爱好转化为事业，实现了财富与生活的双重成功。她的故事激励着更多的人去追求自己的梦想，并在追梦的路上找到属于自己的幸福与满足。

财富是收入的留存，是需要一点一点积累起来的。积累的过程，就是财富储存的过程，也是财富增长的过程。

财富的储存方式有很多，常见的方式是储蓄。把钱存进存钱罐，或者存进银行，零存整取、整存整取，都是储蓄的方式。

司马迁在《史记·货殖列传》里提到"以末致财，用本守之"，意思是说，通过做生意赚到的钱，得以买田置地的方式储存起来，这样才能把财富固化下来。

看来，买房是一种祖传的保存财富的方式。而按揭更有零存整取"攒砖头"，从而达到储存财富的意味。

在当今纸币泛滥、货币贬值，叠加城市化加速的时代，只有核心大城市里的"砖头"还能实现财富的保值增值，使得房子成为一种财富储存工具。

此外，更多的人把钱用于投资，希望通过现代金融工具或投资创新赛道，储存下财富，并获得财富的进一步增值。

但投资有风险，只有具备相应的专业技能，才有可能实现投资收益，否则只会成为被别人收割的韭菜，将自己的血汗钱送到别人的口袋里，成为人家的财富。

张强是我的一位学员，他是一个事业有成的企业家，在软件开发行业已经取得了不小的成就。但他不满足于现状，总想着探索更多的可能性。一天，他偶然遇到了一位充满激情的年轻创业者小李，小李向他展示了一款颇具创意的智能家居产品原型。

"这不仅仅是一个产品，它将改变人们的生活方式！"小李兴奋地描述着未来家居的智能化愿景。

张强被深深打动了，他仿佛看到了一个全新的市场蓝海。于是，他决定携手小李，共同开启这次智能家居的创业投资之旅。

挑战与困境

然而，梦想总是美好的，现实却充满了挑战。张强很快发现，自己对智能家居行业知之甚少，这导致他在项目决策时常常感到力不从心。同时，创业团队也面临着产品开发、市场推广和资金管理等诸多难题。

更糟糕的是，市场竞争日益激烈，智能家居领域涌现了许多强有力的竞争对手。张强投资的项目开始感受到巨大的市场压力，产品销量迟迟无法达到预期。

反思与调整

面对困境，张强开始深刻反思自己的投资决策。他意识到，自己在投资前过于乐观，对行业、市场和团队的了解严重不足。为了扭转局面，他通过与我的深度沟通，采纳了我的建议，决定采取一系列措施来调整步伐。

首先，他主动寻求专业人士的帮助，聘请了一位具有丰富智能家居行业经验的市场顾问。这位顾问为团队提供了宝贵的市场分析和产品定位建议。

其次，张强加强了与创业团队的沟通与合作，共同制订了更为明确和可行的发展计划。他们优化了产品开发流程、加大了市场推广力度，并设法降低了成本。

重回正轨

经过一段时间的调整和努力，张强的智能家居项目逐渐重回正轨，产品销量开始回升，市场份额也有所扩大。更重要的是，张强在这个过程中积累了丰富的创业投资经验，对智能家居行业有了更深入的了解。

这次经历让他深刻体会到创业投资的不易，也让他更加珍惜每一次投资机会。他学会了如何在激烈的市场竞争中保持冷静和理性，如何在风险和收益之间找到平衡点。

如今，张强已经成了智能家居领域的资深投资者。他的案例分享激励着更多的伙伴勇敢追求自己的梦想，并在创业投资的道路上不断学习和成长。

从财务自由到心灵自由——人生的全面解放

大同社会是自古以来先哲们追求的理想社会。从儒家的"大同"思想，到马克思的"自由人的联合体"，再到现在的"人类命运共同体"，基本内核之一就是追求人的自由全面的发展。

这个自由，不仅仅是我们常说的财务自由，更重要的是心灵的自由、精神的自由。

也就是说，对于人而言，生存固然重要，但在基本的生存需要得到满足的基础上，对于精神的需要亦非常丰富。

这正说明，在中国人均GDP超过1万美元之际，我们进入了新时代，主要矛盾已经转化为人民日益增长的美好生活需要和不平衡不充分的发展之间的矛盾。

曾经，财务自由是无数人梦寐以求的追求；未来，财务自由仍将是很多人的追求目标，但可能不再是唯一的目标。

财务自由，应该是一个人的最低要求，而不是最高要求。

人之成为人，不应该仅仅是为了满足物质需要、生存需要，还应该有更高的精神追求。

一些人在自己所热爱的领域耕耘，将物质需求与精神需求有机结合，所以在实现财务自由的同时，逐渐实现了心灵自由。

这样的生活无疑是幸福的，哪怕期间有波折、有困难，人也是痛并快乐着的。

但对于仍处于吃不饱穿不暖，或者刚刚解决温饱问题，还没能真正达到财务自由的人来说，财务自由必然是其人生奋斗的第一阶段目标。

没有实现财务自由，就可能无法实现时间自由，无法去做自己真正想做的事情，更无法达致心灵的自由。

对这些人来说，财务自由乃是心灵自由的必由之路。

孙明，一个充满活力和决断力的年轻人，从小就对科技和创新有着浓厚的兴趣。在大学期间，他就开始尝试各种小型的创业项目，虽然大多数项目都没有成功，这些经历却更加坚定了他创业的决心。他意识到，自己想要的不仅仅是一份稳定的工作和收入，更重要的是能够通过自己的努力，创造出对社会有价值的产品或服务。

创业初衷

毕业后,孙明发现市场上的许多健康科技产品都过于复杂,对于非专业人士来说并不友好。他看到了一个问题:普通用户在使用健康科技产品时,往往因为操作复杂而感到困扰。于是,他萌生了一个想法:打造一款简单易用、适合所有人的健康科技产品。这不仅是他的商业计划,更是他的精神追求——让科技更加贴近普通人的生活。

艰苦创业

然而,创业的道路并不平坦。孙明面临资金、团队、市场等多重挑战。为了筹集资金,他不得不向亲朋好友借款,甚至一度动用了父母给自己准备的结婚资金。在组建团队时,他也遇到了不少困难,因为很多有才华的人都选择了稳定的工作,而不愿意冒险加入一个初创公司。市场的反应也并不如预期,初期的产品推广遭遇了很大的阻力。

坚持与调整

面对这些困难,孙明并没有放弃。他坚信自己的产品是有市场的,只是需要时间和努力去打开局面。

在产品策略上,孙明坚持迭代自己的产品,以满足市场的真实需求。收集到的用户的每一条反馈,无论是正面的还是负面的,他都会认真对待,与团队一起分析、讨论,然后对产品进行相应的调整。有时,这些调整只是微小的改动,比如优化用户界面,提高系统响应速度;有时,则是对产品方向的重新定位。但无论如何,孙明都坚信,只有不断地适应市场，不断地改进产品，才能在激烈的市场竞争中站稳脚跟。

在市场推广方面，孙明也展现出了极大的耐心和决心。初期，由于资金有限，他无法像大公司那样进行大规模的广告投放。于是，他选择了更为巧妙的推广方式，比如利用社交媒体进行口碑营销，或者与行业内的意见领袖合作，通过他们的影响力来扩大产品的知名度。当发现某种推广方式效果不佳时，他会迅速调整策略，尝试其他更为有效的推广手段。

团队建设方面，孙明更是倾注了无数心血。他深知，一个优秀的团队是创业成功的基石。因此，从招聘到培训，再到日常的管理和激励，他都亲力亲为，力求打造出一支高效、团结、富有创造力的团队。当团队成员之间出现矛盾或者有人因为工作压力而产生负面情绪时，他会及时介入，通过沟通和协调来化解问题，确保团队的和谐与稳定。

为了提升团队的整体素质，孙明定期组织内部培训和外部学习，鼓励团队成员不断提升自己。此外，他还建立了激励机制，以激发团队成员的积极性和创造力。

随着市场不断变化和技术飞速发展，孙明意识到只有不断学习才能跟上时代的步伐。因此，他养成了定期阅读行业报告、参加专业培训课程的习惯，甚至在工作之余自学新的技术和知识。这种坚持学习的态度，不仅提升了他个人的专业素养，也为公司带来了更多的创新机会。

突破与成功

经过一段时间的努力，孙明的产品终于开始获得市场的认可。用户反馈越来越好，销量也逐渐上升。他的公司开始盈利，并逐渐在市场上占据了一席之地。

随着公司的发展，孙明也实现了财务自由。他不仅能够还清借款，还有了足够的资金去投资更多的创新项目。但更重要的是，他在创业的过程中获得了心灵自由。他意识到，自己不仅仅是为了赚钱而创业，更是为了实现自己的梦想和追求。这种精神上的满足和成就感，让他觉得所有的付出都是值得的。

孙明的创业之路充满了波折和挑战，但他始终坚持着自己的梦想和追求。他通过自己的努力，不仅实现了财务自由，更获得了心灵自由。他的故事告诉我们：人，不应该仅仅为了满足物质需要而生存；我们还应该有更高的精神追求和梦想。在追求这些梦想的过程中，我们可能会遇到各种困难和挑战，但只要坚持不懈、勇往直前，就一定能够实现自己的目标并获得真正的幸福和满足感。

王国维认为，诗词有三重"境界"："昨夜西风凋碧树，独上高楼，望尽天涯路""衣带渐宽终不悔，为伊消得人憔悴""众里寻他千百度，蓦然回首，那人正在灯火阑珊处"。

这三重境界，既是诗词的境界，也可以看作人生的三重境界。

第一重境界，对于大多数人而言，是从小做"牛娃"，一路打怪升级，只为心中那个模糊的"成功"梦想。

第二重境界，是进入职场，开始所谓事业发展之路，几十年不辞辛苦，为了"成功"不懈追求。

第三重境界，是人生几十年，回头来看，有的人一生的追求，不过是为了获得财务自由；而有的人，追求的是"名"和"利"；还有的人，希望在实现财务自由之后，再去"追随我心"，做自己真正想做的事，却发现追求财务自由的过程，其实就是自己所追求的事业发展、人生发展的过程。

对于人生的境界，各人有各自的理解，作为创业导师，我指导的学员们的创业之路以及他们对于人生境界的理解和追求，构成了一个丰富而深刻的案例库。接下来，我将以几个具体案例来解读另外一种对于人生三重境界的理解：

第一重境界：追名逐利，实现财务自由

我的一位学员小李，来自一个普通的家庭，从小就知道只有通过自己的努力才能改变命运。在创业初期，他选择了一个热门的互联网项目，全身心投入，渴望在短时间内获得巨大的成功和收益。通过不懈努力和持续的创新，他成功地把这个项目做大做强，不仅实现了自己的财务自由，还有了足够的时间去做自己喜欢的事情。小李的故事体现了大部分普通人对于第一重境界的追求——通过努力获得物质上的满足，进而实现时间自由，去做自己想做的事。

第二重境界：探寻生命的意义，实现全面、自由的人生

另一位学员小王，在创业过程中逐渐意识到，单纯的物质追求并不能带来真正的满足感和幸福感。于是，他开始反思自己的生活和工作，并努力在创业的过程中追求内心的充盈和全面自由。他创办了一家注重环保和社会责任的企业，致力于推动社会的可持续发展。同时，他还积极参与各种公益活动，关注弱势群体，为他们提供帮助和支持。小王的故事体现了对第二重境界的追求——在追求物质的同时，关注自己的内心世界和社会责任，实现全面、自由的人生。

第三重境界：怀有伟大理想，为普罗大众谋求幸福

我还有一位特殊的学员老张，他是一位资深的企业家和慈善家。在创业成功后，他并没有满足于个人的成就和财富，而是将更多的精力投入社会公益事业中。他创办了一家慈善基金会，致力于帮助贫困地区的孩子们接受良好的教育，并为他们提供成长和发展的机会。老张的故事体现了对第三重境界的追求——怀有伟大的理想，为普罗大众谋求幸福，关照人类，充满神性。他的行为不仅体现了个人高尚的品质和情操，也为社会树立了榜样和标杆。

通过对以上三个案例的解读，我们可以看到不同的人生境界对于个人成长和社会发展的重要性。第一重境界是大部分人追求的目标，它为我们提供了基本的物质保障和时间自由；第二重境界则要求我们在追求物质的同时关注内心和社会责任，实现全面、自由的人生；而第三重境界则是极少数伟人、哲人、圣人的人生追求，它需要我们怀有伟大的理想并为之努力奋斗，为人类社会创造更大的价值和福祉。因此，作为创业者和人生追求者，我们应该在努力实现第一重境界的基础上不断探寻和提升自己的境界水平，为实现更加美好和有意义的人生而不懈努力。

第三章
趋势洞察：站在时代的风口

人生无处不选择——选对赛道，赢在起跑线

人生就像一场漫长而曲折的马拉松，每个转弯都暗含无数的选择与机会。在这个充满变数的世界里，我们不仅要面对外界的风云变幻，更要时刻审视自己的内心，选择适合自己的赛道，只有这样才能赢在起跑线。

生活中的选择无处不在。那些手中有些许积蓄的人，可能会纠结于是在国内发展还是移民国外；而普通的中产家庭，则可能为了孩子的成长而纠结于是否购买学区房，或是否选择放养的教育方式。我们常常感叹，生活在三四线城市的人们过着悠然自得的生活，没有太大的压力，有房有车，岁月静好；而一线城市的奋斗者们则背负着房贷、车贷和孩子前途的沉重压力，每日疲于奔命。但正是这些选择和压力，塑造了我们独特的人生轨迹。

正如古人所言，"鱼我所欲也，熊掌亦我所欲也，二者不可得兼"，我们无法既拥有鱼的鲜美又享受熊掌的肥美。因此，我们需要根据自己的内心价值判断，作出最适合自己的选择。只有这样，我们才能无悔前行，活出自己独特的人生。

以我的一位学员朱刚为例，他曾在一家知名企业担任高管，手握高薪，享受着优越的待遇和社会地位。然而，在日复一日的工作中，

他渐渐发现，自己对这份工作的热情正在消退，而内心深处对于环保的热情却日益高涨。他认为自己的生活不能仅仅被金钱和地位所定义，他希望能做更有意义的事情。

于是，在深思熟虑后，朱刚选择了辞职，投身于自己热爱的环保事业。他创办了一家专注于垃圾分类和回收的公司，致力于推动社会的可持续发展。创业初期，他面临着资金紧张、市场竞争激烈等诸多困难。但他始终坚信，只要自己坚持下去，就一定能够为社会作出贡献。

为了打开市场，朱刚带领团队深入社区、学校和企业，进行环保知识的宣传和教育。他们还研发了一套高效的垃圾分类和回收系统，大大提高了资源的利用率。随着时间的推移，朱刚的公司逐渐在市场上站稳了脚跟，赢得了越来越多客户的认可。

如今，朱刚的公司已经成了行业内的佼佼者。他不仅实现了自己的社会价值，也为社会带来了实实在在的环境效益。每当看到街头巷尾干净整洁的环境，朱刚都会由衷地感到自豪和有成就感。

再比如我的创业营学员张敏。她曾是一名资深的HR，在职场上有着丰富的经验。然而，随着年龄的增长和阅历的丰富，她逐渐意识到职场对女性的不公和限制。许多优秀的女性因为性别歧视而失去了晋升的机会，甚至遭受不平等待遇。这一现象让张敏深感痛心，她决定站出来为女性发声。

于是，张敏创办了一个专注于女性职业发展和权益保障的公益组织。她利用自己的专业知识和人脉资源，为女性提供了大量的职业培训和就业机会。同时，她还积极倡导性别平等，呼吁社会各界关注女性的职业发展和权益保障问题。

在张敏的带领下，她的公益组织逐渐发展壮大，吸引了越来越多的志愿者加入其中。她们一起开展了一系列的活动，如职业规划讲座、女性领导力培训等，帮助更多的女性提升自己的职业素养和综合能力。这些活动不仅改变了无数女性的命运，也为社会注入了更多的活力和正能量。

每当看到那些曾经迷茫、无助的女性在自己的帮助下重新找回自信和方向时，张敏都会感到无比的欣慰和自豪。她深知，自己的选择虽然充满了挑战和困难，但正是这些经历让她更加坚定了自己的信念和追求。

生活中的选择无处不在，无论是像朱刚那样放弃高薪工作投身环保事业，还是像张敏那样为女性权益发声创办公益组织，都需要我们有足够的勇气和智慧去作出最适合自己的决定。因为只有这样，我们才能无悔前行，活出自己独特的人生，并创造出属于自己的辉煌。

更重要的是，我们需要看清大势，提前布局，顺势而为。在这个日新月异的时代，只有不断学习和适应变化的人，才能抓住机遇，赢得未来。因此，让我们在人生的道路上，保持清醒的头脑和敏锐的洞察力，不断追求自我超越和进步吧！

信任无价——建立人际关系的黄金法则

1. 人无信不立

"人无信不立"中的"信"，对个人来说，就是信用；对人与人之间而言，就是信任。

个人没有信用，就无法在社会上立足；人与人之间缺乏信任，就无法建立关系。个人的信用是人与人之间建立信任的前提与保障。

在当今社会，人与人之间要建立信任，难就难在无法判定人的信用。

在以前的乡村社会，大家几十年乡里乡亲，知根知底，就容易建立信任。一个人一旦不讲信用，很快大家就都会知道，他也就无法在乡里混了。违约成本太高，大家就会比较爱惜自己的羽毛，轻易不会做出出格的事。

而今，四面八方的人们进入城市，人口流动性更大，人与人之间不熟悉，就很难建立信任。

流动性大，违约成本就低，有些人就会铤而走险，不讲信用，去为自己谋求最大私利。

因此，在车站、码头等地方，宰客的现象就比较多；流动商贩更有可能做出缺斤少两的事。而固定市场里的固定摊位，相对就会更注意自己的行为，维护自己的信用。

相应地，亲戚、同学、同事，甚至同一社区的邻居、某个圈层里的人，相互之间更为熟悉，相互信任度也就比较高。

张涛是一个从乡村来到大城市的年轻人，他怀揣着创业的梦想，希望在城市中开创自己的事业。刚到城市，他就发现城市与乡村有着天壤之别，人们之间不再像乡村里那样知根知底，而是充满了陌生与疏离。

最初，张涛尝试与一些供应商和客户建立合作关系，但由于缺乏信任基础，这些合作往往难以达成。供应商担心他无法按时付款，客户则担心他提供的产品质量不可靠。

面对这种情况，张涛决定从自身做起，努力建立自己的信用。他开始主动与供应商和客户进行深入的沟通与交流，展示他的专业能力和诚信态度。他坚持按时付款给供应商，并确保提供给客户的产品质量上乘。

随着时间的推移，张涛的信誉逐渐在业内建立起来。供应商和客户很信任他，愿意与他建立长期的合作关系。他的创业公司也逐渐走上了正轨，业绩稳步提升。而因为他的商誉与业务状况，银行也愿意给予他金融支持。投资人也纷纷来找他洽谈投资入股事宜，他在企业发展和个人职业生涯上拥有了更多的主动性和选择权。他很感慨自己的坚持，看起来最朴实简单的方法，却是企业发展最坚实的根基。

这个案例说明了信用在人与人之间建立信任关系中的重要性。在当今社会，人与人之间的信任确实难以建立，但并非不可能建立。只要我们每个人都能够珍惜自己的信用，以诚信为本，就能够逐渐打破隔阂，建立起一个更加和谐、互信的社会环境。

2. 信用产生交易

对于普通创业者来说，"信任"这个词可能比其他任何商业术语都更重要。为什么呢？因为信任是商业活动的基石。没有了信任，买卖双方都会小心翼翼，不敢轻易出手，哪怕是"一手交钱一手交货"这种最直接的交易方式，也会变得复杂和困难。

想象一下，你去市场买菜，摊主给你秤了一斤菜，如果你怀疑他的秤不准，你还会痛快地扫码付钱吗？同样的，如果你是摊主，顾客一再压价，你会相信他真的会买吗？这就是缺乏信任带来的问题，它会让交易变得复杂和低效。

那么，信任从哪里来呢？为什么大家更愿意跟大公司、知名公司打交道？很简单，因为这些公司经过多年的经营，已经建立了一定的品牌认知和信誉。人们知道，与这些公司交易，风险相对较低。

同理，为什么银行更喜欢贷款给在机关、事业单位、国企等工作的人士？因为这些人的工作稳定、收入有保障，这样银行的风险也就相对较低。

而作为创业者，我们可能没有大公司的品牌背书，也没有稳定的工作单位作为支撑，那我们该如何建立信用呢？

首先，我们要明白，信用不是一下子就能建立的，它需要时间和努力来积累。我们可以从小事做起，比如，确保我们的产品和服务质量上乘，确保我们的承诺都能兑现。每完成一次让人满意的交易，我们就为自己积累了一点信用。

其次，我们可以借助第三方平台或机构来增加信用。比如，选择知名的电商平台开店，或者使用第三方支付工具。这些平台和工具都有严格的审核机制和用户评价系统，可以帮助我们更快地建立信用。

再者，我们可以主动展示自己的实力和信誉。比如，定期发布公司动态、客户反馈等信息，让潜在客户更加了解我们。

在当今健康意识日益增强的社会背景下，有机食品受到了越来越多消费者的青睐。然而，市场上的有机食品品牌众多，质量参差不齐，消费者在选择时往往感到困惑。"远方好物"作为一个专注于有机食品的私域电商平台，通过坚守"六0标准"和深入源头的溯源工作，成功地为创业者搭建了一个可信赖的平台，帮助他们快速建立起与消费者的信任关系。

"远方好物"始终坚守"0化学添加、0防腐剂、0激素、0抗生素、0农残、0兽残"的"六0标准",从源头上保障产品的绿色天然品质。为了确保这一标准的严格执行,平台不仅要求供应商在产品上架前提供相关的检验报告,还不定期地将已上架产品送至全球权威的SGS检测机构进行抽检、复检。对于不符合"六0标准"的产品,平台会坚决进行下架处理,并与相关供应商永久取消合作。"远方好物"每年花费在产品抽检、复检上的费用高达上千万元,且这一数字仍在不断上涨,足以看出平台对产品质量的重视程度。

除了严格的质量控制外,"远方好物"还非常注重产品的溯源工作。平台组建了一支由40余人组成的溯源团队,这支被公司内部称为"溯源铁军"的团队由创始人远方老师亲自带队,成员常常深入源头产地或源头工厂去考察产品和供应商。通过实地考察了解供应方的生产情况、人员配置及经营理念等,以及通过现场试吃了解产品的风味、口感,"远方好物"能够更好地筛选出品质好货。这种深入的溯源工作不仅增强了消费者对产品和平台的信任,还挖掘到了众多鲜为人知的绿色有机产品,为平台构建了差异化的产品优势。

对于创业者而言,选择成为"远方好物"平台的代理商——会员意味着他们能够借助这一可信赖的第三方平台快速建立起与消费者的信任关系。平台的"六0标准"和深入的溯源工作为消费者提供了有力的品质保障,使得创业者在推广产品时能够更加自信和有底气。同时,"远方好物"还为创业者提供了丰富的产品资源和内容支持,帮助他们打造个人IP,更好地宣传与传播,赢得消费者信赖。

但如果双方没有建立起足够的信任,交易就会变得复杂。比如,在古代,人们为了建立国与国之间的信任,甚至会交换人质。这种做法虽然极端，但也说明了信任在交易中的重要性。

在现代商业环境中，虽然不再需要交换人质，但缺乏信任仍然会导致交易难以进行。这时，买家可能会要求卖家提供抵押物或者担保，以确保交易的安全。这无疑增加了交易的复杂性和成本。

所以，对于创业者来说，建立和维护信任是至关重要的。我们要时刻牢记，每一次交易都是一次信任的建立和巩固。只有赢得客户的信任，我们的创业之路才会更加顺畅。

信任就像商业活动中的润滑剂，它能让交易更加顺畅、高效。作为创业者，我们要珍惜每一次建立信任的机会，用实际行动去赢得客户的信赖和支持。这样，我们的创业之路才会越走越宽。

3. 社会无信无法运转

假如一个世界欺骗横行，就会人人自危，谁都不会有安全感。

因此，在当今社会，不仅熟人圈子里会用一贯的行为表现和历史记录构建信用评价体系，政府也开始构建社会征信体系，包括失信体系、黑名单制度等，为社会提供交易所需的信用评价机制。

随着社会制度以及技术条件的发展，信用体系会越来越完善，人们会更加重视自己的信用，交易会越来越便利，交易成本也会越来越低，人与人之间会更加信任，社会也会越来越和谐，人们的幸福指数也会越来越高。

信用的重要特点是"一贯性"，一贯的表现才能建立信用，让人信任。一旦有污点，哪怕是很小的事情，也会影响信用。

信用构建艰难，毁掉容易。

每个人都应该珍惜自己的信用，爱惜自己的羽毛，不做无信之事，不做无信之人。

在电子产品市场的黄金时期，S集团如一颗璀璨的新星崭露头角。创始人乔先生以他独到的商业眼光和果敢的决策，推出了多款备受欢迎的电子产品。那时，S集团不仅是质量的代名词，更是消费者心中的信赖之选。

他倡导诚信经营，注重产品质量和客户服务，赢得了消费者的广泛信赖和良好的市场口碑。然而，随着公司的不断发展和市场竞争的加剧，乔先生逐渐放松了对信用的坚守，一系列损害公司信用的事情发生了。

产品质量下降：为了降低成本、提高市场竞争力，S集团开始使用廉价、低质的原材料生产电子产品。这些产品虽然价格较低，但质量大打折扣，频繁造成质量问题，引发了大量消费者的投诉和退货。

这期间发生了一件引发广泛舆论的售后事件，严重伤害了S集团多年建立起来的商誉。一位消费者购买了S集团的电子产品，但在使用过程中发现存在严重的质量问题。在多次联系售后服务无果后，该消费者选择通过社交媒体曝光此事。此事迅速引发了广泛关注，大量消费者表示自己也遇到了类似问题。最终，S集团不得不进行大规模的产品召回。

售后服务失范：随着投诉量的增加，售后服务人员数量的减少、服务质量的下降，S集团的售后服务也开始出现问题，消费者在遇到问题时无法得到及时有效的解决。这不仅加剧了消费者对公司的不满，也进一步损害了公司的信誉。

财务信息不透明：为了掩盖公司的财务问题，S集团开始发布虚假的财务报告和盈利信息。一家知名的财务审计机构在对S集团进行审计时，发现了其财务数据造假的问题。该机构随即将此事公之于众，引发了广泛的关注和担忧。受此影响，S集团的股价大幅下跌。这种不诚信的行为不仅欺骗了投资者和债权人，也严重损害了公司的声誉和信誉。

高层丑闻：公司的管理层开始出现不诚信的行为。一些高管利用职权谋取私利，贪污腐败、违法乱纪的现象时有发生。这些丑闻的曝光进一步加剧了消费者和投资者对公司的不信任。

由于S集团在多个方面违背了诚信原则，其信用体系迅速崩塌。消费者纷纷转向其他更值得信赖的品牌，投资者和债权人也开始对公司失去信心。公司的市场份额大幅下降，财务状况持续恶化，最终陷入了经营困境。乔先生也因为其不诚信的行为而身败名裂，公司最终走向破产。

这个反面案例深刻地揭示了信用在商业活动中的重要性。企业一旦失去了消费者的信任和支持，生存和发展将面临巨大的挑战。同时，这个案例也提醒我们，在企业经营中，更应该坚守诚信原则，注重产品质量和售后服务，保持财务信息的透明度和准确性，加强企业内部的道德建设和监督机制，以确保企业的长期稳定发展。

放大你的价值——杠杆效应在人生中的应用

一个人的生命是有限的。想要以有限的生命创造尽可能大的价值，就需要放大价值！

比如，同样是人，出生在穷人家庭和出生在富裕家庭的人，生活条件、发展空间都会不一样。这是原生家庭对于一个人的加持，是一种放大。

在当代，生活在中国的人，和生活在非洲内陆小国的人相比，生活物资更丰富，这是国家对于个人的加持，也是一种放大。

生活在二十世纪二三十年代的中国，和生活在当今的中国，一个普通人的命运会截然不同。现代人有更好的生活、工作条件，这是时代对于一个人的加持，也是一种放大。

当然，这些放大，有些是无法改变、无法选择的，比如出生；有些是需要争取，可以改变的，比如是否努力上学，让父母支持自己"跳出龙门"；有些则是要靠自己的一次次的选择、自己对自己的加持放大的，比如同样是大学同学，有人留在了大城市，购买了房产，就收获了城市发展的红利，资产量级比回到小城的同学要高出一大截。

同样是在大城市买房，按揭买了两套房的，和全款买了一套房的人相比，就是利用了财务杠杆，放大了自己的资产，也放大了自己的价值。

那些通过出书，通过讲课，通过自媒体等方式，将自己的一份时间卖出了多份价值的，也是一种放大。

老板们通过创建企业，雇用更多员工，购买了他们的时间和贡献，等于是放大了自己的时间，收获了更大的价值。

如果这些企业能够溢价卖出，或者通过证券化上市，市盈率与估值会进一步放大，老板的价值也会又一次被放大。

可以说，放大价值的案例比比皆是，关键是你能否找到适合自己的放大价值的方式。

在我的创业营的众多学员中，小齐是一个典型的通过不断放大自己的时间与知识价值，最终实现了个人价值巨大提升的案例。小齐用智慧与努力谱写了自己的故事，是每一个有志于创造更大价值的人学习的典范。

求学之路：知识积累与放大

小齐出生在一个普通的家庭，但他从小就明白"知识改变命运"的道理。他努力学习，凭借优异的成绩考入了全国知名大学。在大学期间，小齐不仅专注于学习专业知识，还广泛涉猎各种领域，不断丰富自己的知识储备。毕业后，他选择留在了大城市，通过不断学习和实践，逐步提升自己的专业素养和综合能力。

知识输出：出书与讲课

小齐深知，单纯的知识积累并不能直接转化为价值。于是，他开始尝试将自己的知识和经验以出书和讲课的方式分享给更多人。他撰写了一本与自身专业相关的书籍，这本书不仅获得了业界的认可，还帮助了许多有需要的人。同时，小齐还积极参与各种培训和讲座活动，将自己的知识和见解传授给更多渴求知识的人。

自媒体平台：放大个人影响力

随着互联网的发展，小齐意识到自媒体是一个能够放大自己声音和影响力的重要平台。于是，他开始在各大自媒体平台上发布自己的文章和视频内容。通过深入浅出的讲解和生动有趣的案例，小齐吸引了大量粉丝的关注。他的内容不仅传递了知识，还传递了正能量和积极的生活态度。在这个过程中，小齐的影响力得到了极大的提升。小齐通过自媒体平台获得了以下回报：

广告收入：小齐在自媒体平台上发布内容，吸引了大量的粉丝和关注者，因此获得了广告商的青睐。他通过在文章中植入广告或者自媒体平台的广告分成获得收益。

品牌合作与推广：随着影响力的扩大，小齐得到了与品牌进行合作的机会。他为品牌进行产品推广或者宣传，从中获得了一定的报酬。

知识付费与内容变现：小齐利用自己的专业知识和经验，通过在自媒体平台上提供付费咨询、开设付费专栏或者发布付费教程等方式，实现了知识付费与内容变现。

电商销售提成：小齐在自媒体上推广并销售相关产品，从销售额中获得了一定的提成。

粉丝经济：小齐通过自媒体平台与粉丝互动，将其导入私域，建立了紧密的社群关系。他通过举办线下活动、提供会员服务等方式，进一步挖掘粉丝经济的潜力。

个人品牌提升：通过自媒体平台的持续输出，小齐的个人品牌得到了极大的提升。这不仅为他带来了更多的商业机会，还提高了他在行业内的知名度和影响力。

创办公司：放大时间与财富

在积累了一定的知识和影响力之后，小齐决定创办自己的公司。他凭借自己的专业知识和经验，吸引了一批志同道合的合作伙伴和投资者。凭借团队的努力和投资者的支持，公司的业务逐渐走上正轨，并取得了显著的成果。小齐通过雇用员工、购买他们的时间和贡献，成功放大了自己的时间和财富价值。

获得投资：为今后的快速发展提供基础和驱动力

随着公司业务的不断发展和市场认可度的提升，小齐的公司吸引了众多投资者的关注。经过深入的沟通和洽谈，公司最终获得了来自知名投资机构的大额投资。这笔投资不仅为公司提供了充足的资金支持，还带来了更多的行业资源和业务机会。小齐相信，在投资机构的助力下，公司将迎来更加快速和稳健的发展阶段。同时，他也深感责任重大，决心带领团队继续努力，不辜负投资者的期望和信任。

从求学到创业，从知识积累到价值放大，小齐用自己的实际行动诠释了如何在有限的生命中创造尽可能大的价值。他的故事告诉我们：只要我们不断努力、不断学习、不断寻找机会并抓住机遇，就能够实现自己的梦想并创造更大的社会价值。

第四章
平台与圈层：构建超级个体的网络

平台的价值——站在巨人的肩膀上

平台无处不在。

大到一个国家，小到一个城市、一个企业，都是我们赖以发展的平台。

平台是土壤，我们扎根于平台，从中汲取能量。

生在新时代的中国，就比出生在改革开放前拥有更多发展的资源与机会；生活在高能级城市，就比生活在低能级城市拥有更多的资源与机会；身在一家有影响力的行业头部公司，自然就比身在小公司拥有更多接触各类资源的机会。

关键在于，我们要看到自己所在平台的资源与机会，充分利用这些资源与机会发展自己，将这些平台作为自己成长与发展的杠杆。

而不能身在福中不知福，眼中只看见问题，看不到机会。

比如，经常乘坐滴滴出行，我们就会遇到一些司机，抱怨滴滴平台太黑，抽成太高，赚不到钱；也会遇到一些朋友，抱怨公司怎么怎么不好，却又一直在里面耗着；甚至常常听到一些人抱怨现在这个时代怎么怎么不好，各行各业都赚不到钱，等等。

有些人就是，手里拿个锤子，看什么都是钉子。一个人秉持抱怨的心态，就会看不到平台的价值，看不到平台所赋予的机会。

刘长江是一名软件工程师，最初在北京的一家小型科技公司工作。虽然公司规模不大，但他意识到北京这个城市本身就是一个巨大的平台，充满了各种资源和机会。于是，他积极参与各种技术交流活动，通过社交媒体和行业论坛建立了广泛的人脉。几年后，他利用这些资源和机会，成功跳槽到了一家知名互联网公司，并在那里取得了显著的成就。

刘长江的案例说明了，即使身处一家相对较小的公司，只要你能够充分利用所在城市的资源和机会，依然可以实现个人的快速成长。

李莉是一名市场营销专家，在上海一家大型跨国公司工作。她深知自己所在的公司是一个极具影响力的平台，因此她积极参与公司的各种项目和市场推广活动。通过这些活动，她不仅提升了自己的专业技能，还结识了很多行业内的重要人物。后来，她利用这些资源和机会，成功创办了自己的市场营销咨询公司。

李莉的案例则表明，一家有影响力的公司可以为你提供很多资源和机会。关键在于你是否能够珍惜并充分利用这些资源和机会来发展自己。

如果某个平台对于自己来说，真的没有了价值，完全可以考虑换个平台发展，而不仅仅是在那里抱怨。甚至自己也可以利用所发现的机会、别的平台所无法满足的需求，去创造一个新平台，为别人，也为自己创造价值。

京东、淘宝、拼多多，以及滴滴、抖音等很多新平台虽然自身并没有独创性的技术，但通过整合资源，创造了旧有的平台无法满足的需求与价值，从而获得了成功。

以"平台"的眼光去看世界，就会处处看到平台，看到平台的价值，为自己的发展加持。

从这个意义上，无论是平台，还是杠杆，都是我们借力的工具。

以积极的人生态度，去看待生活中的种种事情，就能处处看到机会。

哪怕是一个对你苛责的客户，一个极其挑剔的上级，甚至一个处处打压你的对手，都能促你成长，助你发展。

人生处处有平台，人生处处可借力。

其实，最重要的平台，就是我们自己。

如果能够整合资源，让家人以及周围的人，甚至更多的人，因自己而变得更好，那么自己本质上也是一种平台。这个过程既成就他人，也成就自己。

换个视角，世界更宽广。

我的一位学员周华君，是一个充满活力和创新精神的年轻创业者。在创业之前，他曾在一家大型科技公司工作，但他总觉得那种按部就班的工作环境无法满足他对创新和挑战的追求。于是，他决定辞职创业，希望通过自己的努力，打造一个能够帮助中小企业提升市场推广效果的平台。

在创业初期，周华君遇到了很多挑战。他没有足够的资金、技术和团队，但他有一个宝贵的品质：以"平台"的眼光去看世界。他相信，只要能够充分利用身边的资源和机会，就一定能够实现自己的梦想。

他开始主动寻找各种可能的合作伙伴和资源。有一次，他参加了一个创业交流会，在会上遇到了一个对他苛责的潜在投资者。这位投资者对他的项目提出了很多尖锐的问题和批评，但周华君并没有因此而沮丧。相反，他看到了一个机会：这位投资者虽然言辞犀利，但也展现出了对项目的兴趣和关注。于是，他主动与这位投资者建立联系，虚心接受批评和建议，并邀请他加入自己的项目作为顾问。

通过这位投资者的引荐和指导，周华君逐渐扩大了自己的人脉和资源网络。他开始与更多的行业专家和企业家建立联系，寻求合作机会。在这个过程中，他遇到了很多挑战和困难，但他总是能够以积极的心态去看待这些问题，并从中找到机会。

随着时间的推移，周华君的项目逐渐得到了市场的关注和认可。他开始与更多的合作伙伴和客户建立合作关系，共同推动项目的发展。他的平台思维不仅帮助他整合了更多的资源，还让他学会了如何与不同的人进行沟通和合作。

在这个过程中，周华君也深刻体会到了"人生处处有平台，人生处处可借力"的道理。他发现，身边的每一个人、每一个组织都有可能成为自己发展的助力和平台，关键在于如何以开放的心态去接纳和学习，将这些资源和机会转化为自己的优势。

最终，周华君的项目取得了巨大的成功。他不仅实现了自己的梦想，还帮助了很多中小企业提升了市场推广效果。他的成功也证明了以"平台"眼光去看世界的重要性和价值所在。

在和周华君复盘他的成功之处时，我对他平台思维的具体落实做了以下几点总结：

1. 主动寻求反馈并改进：在创业交流会上，面对苛责的潜在投资者的批评，周华君没有选择逃避或反驳，而是虚心接受并从中看到了改进和合作的机会。他主动与这位投资者建立联系，邀请其作为项目顾问，以便获取更多专业的反馈和建议。

2. **扩大人脉和资源网络**：通过潜在投资者的指导和引荐，周华君开始与更多的行业专家和企业家建立联系。他不仅扩大了自己的人脉圈，还找到了更多合作和发展的可能性。

3. **积极寻求合作机会**：周华君不断与各种合作伙伴和客户沟通，建立合作关系，共同推动项目的发展。他明白，通过合作可以实现资源共享和优势互补，从而加速项目的进展。

4. **持续学习和调整策略**：在整个过程中，周华君始终保持着学习的心态。他根据市场的反馈和合作伙伴的建议，不断调整和优化自己的创业策略。这种灵活性和适应性帮助他更好地应对了创业过程中的各种挑战。

5. **搭建平台，整合资源**：周华君不仅关注自己的项目发展，还致力于搭建一个能够帮助中小企业提升市场推广效果的平台。他通过整合各种资源，包括技术、人才、市场渠道等，打造了一个具有影响力和实用性的平台。这一行动不仅成就了他自己的事业，也为其他企业提供了有价值的服务和支持。

通过这个案例，我们可以看到周华君是如何以"平台"的眼光去看待世界并处处看到平台的。他不仅能够从苛责的客户、挑剔的投资者等看似负面的人和事中找到机会和价值，还能够主动整合资源、搭建平台来成就自己和他人。这正是"换个视角，世界更宽广"的最好诠释。

圈层里的机会——发现并抓住隐性资源

这些年，大家都爱提圈层、朋友圈、圈层营销、混圈，等等。

圈层，本意是指基于某种相同的要素而结合在一起的群体。

比如，基于共同的信仰与理念，或者共同的兴趣，形成的志同道合的朋友圈；基于某种经历与情感形成的同乡、校友、战友群体；基于共同的目的形成的各种协会、商会，等等。

圈层的存在意味着其成员具有一定的共性，意味着共同的身份与认同。

因为这种共性，不同的人汇聚到一起，互相交流、切磋，甚至相互提携。这就为"混圈"提供了机会与可能，即通过某种共同的要素进入某个特定的圈层，进而去链接其他的要素与价值。

混圈，本质上就是"顾左右而言他""醉翁之意不在酒"。

首先，如果你的需求契合了圈子的主旨，就能获得实实在在的价值。比如，你进入某个读书群，就是为了了解相关知识，那么在这个圈层中大概率就能实现自己的目的，得以学习成长。

其次，愿意进入这个圈层的人，一般都有意愿去结识或链接基于共同主题的其他人。而圈层是垂直分层的，这就为低层级的人提供了向高层级人士学习的可能。可能因为这个圈层的存在，圈里的大佬才愿意提携本圈里的年轻人或后来者，后来者才有可能近水楼台先得月，快速晋级。这也是很多人混圈的初衷。

但圈子与圈子不同，并不是所有的圈子都能实现个人的意愿。

很多新兴事物，都是在一些圈里发端、发酵，形成共识，不断扩散的。一些圈子里公开的秘密，甚至被视为常识的东西，如同水波，经过一圈一圈的扩散，信息不断衰减，圈外人可能一无所知。

不过，各种圈层良莠不齐，要混圈就混顶级圈、头部圈，当然前提是能够有机会挤进去。比如，有些大佬高高在上，似乎可望而不可及，但通过与大佬的自媒体互动，或者加入大佬的粉丝团，抑或者参加大佬的微课群，就有可能与大佬近距离接触，得到一手的信息。

圈层还有一个重要价值，在于圈层营销。

说到底，大多数人跻身圈层，图的就是精神或物质利益，即便是大佬也不例外。比如大佬开圈，广收门徒，或传播知识，或获得认同，或名利双收。

通过圈层营销，将圈层价值变现，无疑是最重要的。

人们各取所需很正常，关键看你想要什么。

运用得当，圈层无疑也能成为个人发展的杠杆。

在今天的商业世界，圈层的概念愈发受到重视。不同于传统的市场定位方式，圈层营销强调的是针对拥有某一共同特性或兴趣的群体，进行精准的市场开发和品牌塑造。以我很熟悉的L营养师为例，这位专注于健康饮食指导的专家，通过巧妙的圈层营销策略，成功地在竞争激烈的市场中脱颖而出。他也从一个人做到了拥有一个有30多人的营养师服务团队，成为同行的学习典范。

L营养师深知，追求健康生活方式的人不仅关心饮食的营养搭配，更追求与志同道合的人共同交流和学习。因此，L营养师着手构建了一个基于共同兴趣和理念的圈层——健康饮食交流圈。

在健康饮食交流圈中，L营养师不仅提供专业的饮食建议和指导，还定期组织线上线下的交流活动，让成员们能够互相分享健康饮食的心得和体验。这些活动不仅增进了成员们之间的友谊，也提高了他们对健康饮食的认知和理解。

为了扩大健康饮食交流圈的影响力，L营养师还积极寻求与其他相关领域合作的机会。比如，与当地的健身中心、瑜伽馆等机构合作，共同举办健康讲座和体验课程，吸引更多的潜在客户加入圈层。此外，L营养师还通过社交媒体平台，与知名的健康博主和专家进行互动，进一步提升了圈层的知名度和权威性。

除了与行业内的合作伙伴建立联系，L营养师还注重与客户进行深度沟通。他深知，每一个客户都是独一无二的，他们有着不同的需求和期望。因此，L营养师会花费大量的时间和精力去了解每一个客户的特点和需求，为他们提供个性化的饮食建议和指导。这种贴心的服务不仅为他赢得了客户的信任和忠诚，也进一步巩固了健康饮食交流圈的凝聚力。

通过多年的努力，L营养师的健康饮食交流圈已经成了一个拥有数千名成员的庞大社群，他的知名度和专业性也吸引了不少优秀同行加盟团队，一起来运营社群。在这个社群中，成员们不仅学到了专业的健康饮食知识，还结识了许多志同道合的朋友。而L营养师本人也因为其在圈层营销方面的杰出表现，成了业内的佼佼者。

L营养师的成功案例充分证明了圈层营销在现代商业中的重要作用。通过构建一个基于共同兴趣和理念的圈层，L营养师成功地将潜在客户转化为忠实用户，实现了品牌价值的最大化。同时，L营养师的圈层营销也为其他行业的企业提供了有益的启示和借鉴。在未来的市场竞争中，谁能更好地把握和利用圈层的力量，谁就能在竞争中立于不败之地。

选择高能级城市——地理位置对个人发展的重要性

2024年4月25日至5月4日举办的2024北京国际汽车展览会吸引了众多关注。而2024年4月25日至4月29日，北京还有一个重量级的大会——"中关村论坛"。

仅2024年1—3月，北京举办的国际性展览会就超过20个。

类似的世界级、国际性大会，只要在中国举办，往往会选址北京。至于各种全国性活动，一年中在北京举办的更是多到无法统计。

这就是高能级城市所具有的无法比拟的优势，各种资源、各种机会都汇聚在这里。

大家可以想想，最近两年刷屏的与城市发展有关的事件都与哪里有关：粤港澳大湾区的深圳、广州、香港、澳门，长三角地区的上海、杭州，京津冀地区的北京，以及海南、武汉，等等。

无疑，身处高能级城市，能获得更多关注、更多资源和更多机会。

身处北上广深等一线城市，获得的是世界性、全国性资源与机会；身处省会城市，获得的是全省的资源与机会；身处区域中心城市，获得的是区域性资源与机会。

"中心"，意味着各种信息、资金、人口的汇聚，后者可以给城市带来活力，从而带来各种资源与机会。权力、资金、信息等资源从中心溢出，一圈一圈向外扩散，辐射到低能级的城市，相应地就会不断衰减。身处这些中心城市的人，也能跟随城市的发展，享受到城市发展的红利。

在繁华的上海滩，每天都有无数的创业故事上演，但真正能够崭露头角的初创企业并不多。HZ科技，一家智能家居领域的初创公司，却在这片竞争激烈的市场中脱颖而出，成了行业内的佼佼者。他们的成功，离不开上海这座大都市所提供的丰富资源和无限机遇。

起点：一个梦想与一座城市的交汇

HZ科技的创始人是一个富有激情和远见的年轻人，早在创业之初就看到了智能家居行业的巨大潜力。他怀揣着改变人们生活的梦想，选择了上海这座充满活力和创造力的城市作为起点。在这里，他找到了志同道合的伙伴，共同创立了HZ科技，开启了他们的创业之旅。

上海，为梦想插上翅膀

1. 人才荟萃，共筑创新之基

上海，这座国际化大都市，以其独特的魅力吸引着来自世界各地的精英人才。HZ科技深知人才是企业发展的核心，因此在上海这座人才宝库中积极寻觅。他们成功招募到了一支由行业专家、技术大咖、市场高手等组成的多元化团队。这些优秀人才不仅为HZ科技带来了前沿的技术和创新的思维，还共同为公司的快速发展奠定了坚实基础。

2. 金融沃土，滋养创业之树

作为中国的金融中心，上海汇聚了众多金融机构和投资公司。HZ科技凭借独特的商业模式和广阔的市场前景，成功吸引了多家投资机构的青睐，经过多轮融资，获得了充足的资金支持，为公司的研发创新、市场推广等注入了强大的动力。上海的金融环境为HZ科技的蓬勃发展提供了源源不断的养分。

3. 市场广阔，把握商机之脉

上海作为中国经济的重要枢纽，拥有庞大的消费市场和消费群体。HZ科技紧跟市场变化，深入洞察消费者需求，推出了多款深受用户喜爱的智能家居产品。他们通过与大型商场、电商平台等合作，迅速将产品推向市场，并获得了良好的销售业绩。同时，他们还积极参与各类行业展会和活动，与潜在客户和行业伙伴建立了紧密的联系，不断拓展市场份额。

4. 政策扶持，助力腾飞之路

上海市政府对创新创业企业给予了极大的关注和支持。HZ科技作为一家具有潜力的初创企业，享受到了政府提供的多项优惠政策和扶持措施。税收优惠、资金补贴、创业指导等政策降低了企业的运营成本，提高了企业产品的市场竞争力。政府的扶持为HZ科技的发展注入了新的活力，助力他们在创业的道路上走得更远更稳。

5. 国际交流，拓宽全球视野

上海作为国际化大都市，为HZ科技提供了与世界接轨的平台。他们积极参与国际展览、研讨会等活动，与世界各地的企业和专家进行深度交流与合作。这些国际交流不仅帮助他们了解了全球行业动态和最新技术趋势，还为产品的国际化发展提供了有力支持。HZ科技借助上海的国际影响力，逐渐将业务拓展至全球市场。

HZ科技与上海共赢未来

HZ科技的成功得益于上海这座大都市的滋养。企业充分利用了上海在人才资源、金融资本、市场机遇以及政策支持等方面拥有的优势条件，实现了快速发展和壮大。同时，HZ科技的成功也为上海增添了创新活力和科技魅力。

展望未来，HZ科技将继续保持创新精神和开放态度，在智能家居领域深耕细作，不断推出更多创新产品和服务。他们相信，在上海这座充满机遇和挑战的城市里，只要坚持不懈地努力下去，就一定能够创造出更多的商业奇迹，为人们的生活带来更多便利和智能体验。

人们常说，选择大于努力。
同样的努力，因为选择不同，结果差异巨大。
我们所栖身的城市，承载着我们的职业、事业，承载着我们的资产，承载着孩子的教育、未来，是我们最应该关注的方面。选对城市，就能更快、更好、更有可能地跟随城市的发展，享受到时代的红利。

在一个快速发展、变化莫测的时代，人们常说"选择大于努力"。这句话在陈先生的人生经历中得到了生动的诠释。

二十多年前，陈先生与大多数同龄人一样，怀揣着对未来的憧憬和梦想，从大学毕业后来到社会。他面临着两个选择：一是留在自己熟悉的家乡小城，过安稳的生活；二是去大城市闯荡，追寻更大的发展空间。

当时，全国的房价还没有像现在这样呈现出巨大的差异。小城的房价与一二线城市的房价相比，几乎相差不大。然而，陈先生深知，城市的发展速度和水平，将直接决定他未来的生活质量和资产价值。

经过深思熟虑，陈先生选择了去深圳打拼。他租了一间简陋的公寓，开始了自己的职业生涯。虽然生活艰苦，但他坚信，只要努力奋斗，就一定能够在这片土地上实现自己的梦想。

二十多年过去了，陈先生已经从一名普通的职场新人成长为一家知名企业的高层管理者。他的资产也随着时间的推移而不断增长。同样面积的房子，现在的价值已经是二十多年前的大几十倍。

与此同时，陈先生的家乡小城虽然也有所发展，但相比一线城市，仍然显得逊色许多。那些当年选择留在小城的人，虽然也付出了同样的努力，但资产增长速度和幅度，远远无法与陈先生相比。

陈先生的故事并不是个案。在这个时代，越来越多的人开始意识到选择的重要性。他们明白，选择一个高能级的城市，不仅能够为自己和家人提供更好的生活条件和发展机会，还能够享受到城市发展带来的时代红利。但这并不意味着要盲目追求大城市的生活，还是要结合自己的实际情况和未来发展趋势，选择最适合自己的城市和职业道路。

在这个过程中，我们需要保持开放的心态和敏锐的洞察力，不仅要关注城市的经济发展水平、产业结构、教育资源等方面的情况，还要关注城市的文化氛围、生活环境、人文关怀等方面的情况。只有全面了解一个城市，才能够作出更加明智的选择。

最后，我想说的是，选择大于努力并不是一种消极的态度，而是一种积极的生活策略。我们需要通过选择来寻找自己的方向和目标，然后通过努力去实现这些目标。在这个过程中，我们需要保持耐心和毅力，不断学习和成长，以走得更远、更高、更宽广。

第五章
个人发展策略：从优秀到卓越

你的人生你负责——自主成长的关键思维

乍一看标题,也许你会觉得,这是人人皆知的道理啊,当然是各人对自己的人生负责啊。

我想说的是,这一道理貌似人人皆知,在现实生活中却有很多人跌入相关的坑中,爬不起来。

职场中,有人自己不学习,却抱怨公司不给提供培训与发展机会;还有人因为对公司给自己的薪酬不满意,消极怠工,天天混日子,殊不知这正是对自己的不负责任,是在浪费自己的青春与人生。

还有的人,自己不奋斗,却依赖父母,成为啃老一族;或者消极人生,得过且过,成为"三和大神""徐汇大神",日子越过越艰难,却从不反思自己的三观。

还有一种隐形的坑,就是将自己的命运寄托在他人身上,"傍大款""吃软饭",不去构建自己独立的人生价值。

在我的职业生涯中,我遇到了形形色色的人,他们在职场和生活中展示出了不同的态度和选择。

不自我提升却抱怨机会不足

在我曾经任职的一家公司里,有一位年轻员工小李。他入职时表现出了不错的潜力,但随着时间的推移,我发现他很少主动学习和提升自己。每当公司推出新的培训项目或发展机会时，他总是抱怨名额有限、自己没被选中。然而，在私下交流中，我了解到他并没有投入时间去深入研究这些培训项目，也没有主动表达过自己的兴趣和意愿，更没有花时间去做相应的学习与拓展。

我告诉他，真正的机会是留给有准备的人的，而学习和发展应该靠自己争取而非等待公司提供。

因对薪酬不满而消极怠工

我曾经指导过的一位创业者小张，在创业初期遇到了资金紧张的问题，导致公司员工的薪酬水平普遍偏低。其中一位核心员工小王对此非常不满，开始消极怠工，甚至经常迟到早退。虽然小张努力与他沟通，但小王始终无法调整心态。最终，小王离开了公司，之后不断跳槽，连续几年也没有太大的发展。而小张的公司在社交电商中获得了大发展，留下来的员工也获得了非常好的个人发展与物质回报。

这个案例让我明白，对薪酬的不满不应该成为消极怠工的理由。每个人都应该本着对自己负责的态度，将关注点放在自己的能力发展上，为公司创造更大价值，一起推动公司业务的发展，改善公司的财务状况，而不是仅仅盯着眼前的利益，患得患失。

依赖父母，成为"啃老族"

在我的职业生涯中，我遇到过一些年轻人，他们虽然已经成年，但仍然依赖父母生活，成了所谓的"啃老族"。其中一位年轻人小赵，是我老同学的侄子。他大学毕业后没有找工作，而是整天宅在家里打游戏、看电影。他的父母虽然收入不高，但仍然尽力满足他的各种需求。小赵从未想过要独立生活，也从未反思过自己的行为是否会给父母造成压力。

我认为，依赖父母并不是一种可持续的生活方式。我们应该学会独立、承担责任，并为自己的未来打下坚实的基础。

总之，职场和人生都需要我们自己去奋斗和创造。我们应该学会独立、承担责任，并努力提升自己的能力和价值。只有这样，我们才能真正地掌控自己的命运。

想要自己对自己的人生负责，就需要树立正确的三观，独立思考，洞察趋势，选好自己的发展模式，创造自己独特的人生价值。

赵晓龙和孙志伟是多年的同窗好友。大学毕业后，两人都进入了知名的科技公司工作。赵晓龙一直认为，只要进入了一个好公司，就可以高枕无忧，于是他工作中规中矩，没有太多突出的业绩，但求无过。

孙志伟则不同，他深知职场需要自己去奋斗和创造，于是在工作中积极主动，不仅做好本职工作，还经常提出创新想法，并勇于实践。业余时间，他也不断学习新知识，全方位提升自己的能力和价值。

几年后，公司进行组织调整，赵晓龙因表现平平而被列入裁员名单，而孙志伟则凭借多年的努力和积累，晋升为部门经理，负责带领更大的团队。

在家庭教育方面，两人的观念也大相径庭。赵晓龙和孙志伟都各自有了孩子，赵晓龙认为孩子进入好学校就能接受优质教育，未来必定成功，于是他花费巨资买了学区房，让孩子参加各种课外辅导班，致力于提高孩子的学习成绩，将孩子送入名校。孙志伟则更注重孩子的全面发展，尤其是独立思考能力和创造力的发展。他不仅鼓励孩子认真学习，还积极引导其参与各类社会实践活动。

多年后，赵晓龙的孩子虽从名校毕业，但因缺乏独立思考和解决实际问题的能力而在职场上屡屡受挫。相反，孙志伟的孩子因为得到全面发展，不仅学业有成，还展现出了卓越的职场能力和领导力。

赵晓龙在职场上的失利和在家庭教育中的误区，都源于他过于依赖外在的条件和资源，而忽视了自身的成长和发展。他以为进入好公司就能保障职业稳定，将孩子送入名校就能确保其在未来获得成功，却忽略了职场竞争的不断变化和孩子成长的多元需求。

相反，孙志伟则更加注重自身的努力和创造。他在职场上不断进取，通过学习和实践提升自己的能力和价值，从而获得了更好的职业发展。在家庭教育方面，他也更加注重培养孩子的独立思考能力和创造力，为孩子未来的全面发展打下了坚实的基础。

以上的案例，让我们更加清晰地认识到，无论是在职场还是人生中，我们都需要自己去奋斗和创造。我们只有学会独立、勇于承担责任，并不断提升自己的能力和价值，才能真正掌控自己的命运。同时，我们也要明白，任何外在的资源都只是成长路上的助力，而非决定性因素。真正决定未来的，是我们自己的态度、能力和选择。

五年活出一辈子的精彩——高效人生的时间管理

人们常说，"三十年河东，四十年河西"，用这句话来比喻人世的盛衰兴替，变化无常。

改革开放四十年，中国从"一穷二白"发展成为世界第二强国，反观四十年前的世界第二强国日本，早已风光不再，也正说明了这个道理。

三四十年，就有可能沧海桑田，国运轮转；三四十年，就有可能家族兴衰，财富流转。

1973 年，诺贝尔经济学奖得主、人工智能研究的开拓者赫伯特·西蒙和威廉·蔡斯在研究国际象棋大师的成长时，提出了"十年定律"。他们发现，几乎没有一个人能够不经过 10 年左右的训练而达到国际象棋大师的水平。这说明，对于个人来说，只有"十年磨一剑"，才有可能发生脱胎换骨的变化。

而今，随着科技与信息日益发达，工具与方法不断进步，一个人有了更多能够快速成长的机会和条件。如果不追求国际大师的水平，只想在某一细分领域做到专精，能够有一席之地，可能不需要十年的功夫。

格拉德威尔在《异类：不一样的成功启示录》一书中指出了"一万小时定律"，意思是说，要成为某个领域的专家，需要 10000 小时的投入，按比例计算就是：如果每天工作八个小时，一周工作五天，那么五年就有可能成为一个领域的专家。

也就是说，只要方法得当，经过持续不断的努力，五年就能塑造出一个不一样的自己，构建一个不一样的人生格局。这五年比很多生活一成不变的人的一辈子还要精彩。

当然，无论就职，还是创业、投资，并不是仅仅懂专业就可以，还需要学习、领悟其他很多方面的内容。若能做到勤勤恳恳，只争朝夕，我们就能获得快速提升，加速成长。

第一年，小白入门，快速熟悉规则，学习基础知识，掌握基本技能，收集、积累资源，了解成长路径，与周围同事或业内同行建立信任，获得直接领导认可，站稳脚跟，奠定基础。

第二年，找准标杆，向大咖学习，与牛人同行，刻意练习、专项学习，通过各种方式、渠道加速成长，在自己所在领域内独当一面，做出业绩，崭露头角，建立一定的影响力。

第三年，或轮岗，或跨界（相关领域），或在原有领域深耕，进一步提升自己，达到专精，并做出突出业绩，争取在一些关键场合展现自己，扩大影响力。

第四年，整合资源，适时抓住机会，在公司战略等重要方面担当重任，磨炼自己、展现自己、创造价值，获得能取得决策层认可的机会。

第五年，通过自己的专业实力或突出业绩，奠定自己在某一领域的专业地位，获得决策层的认可，从而拿到进入高层的入场券，实现阶段性的成功。

其中的关键是，建立自己在某一领域的专业实力，并向核心层靠拢，参与主流业务或战略重点活动，在事关全局或尽可能大的层面展现自己的能力与业绩，获得决策层的认可。

这样就有可能通过五年的时间，从新手，到中坚，再到高手，或者从基层到中层，再到高层，一年一个台阶，不断提升自己。

不管是在职场，还是在其他领域，即便是小白，只要入对行、跟对人，用足功夫，抓住机会，五年就有可能建立自己的影响力，做出一定的成绩，成就不一样的自己，活出一辈子的精彩。

■ 如何成为杰出人才？——挖掘潜能，突破自我

人生苦短，每个人都希望自己能够有所作为，每个人都希望成为杰出人才。

现代心理学研究发现，虽然基因对人具有不可弥补的影响，但人与人之间的差异主要还源于后天的培养。

美国心理学家霍华德·加德纳通过研究杰出人物的共同特点，总结出了杰出头脑的四种类型：掌握型、开创型、内省型和影响型，进而总结出了成就杰出人物的三大能力：反思、发挥与调整。

加德纳认为，杰出人物和我们之间的区别，就像建筑物之间的区别一样，所有的建筑开始时都是用同样的砖头垒起来的，并无分别，但是杰出者就像特别的建筑，一旦建造完毕，他们就再也不可和大街上的普通建筑相提并论。

平凡和杰出之间并没有绝对的界限——我们都是人类，同属于人类学研究的对象。不论杰出人物继承的是何种遗传基因，毕加索、奥斯丁或者曼德拉都不是天生就是完人，他们朝着名人的方向成长，分分秒秒、日复一日，最终他们成就了自己的功名。

杰出者与普通人的重要区别就在于锻炼。

我们所有人的共性在于，每个人都必须发展与他人、知识以及他自己的关系，不论他出生于什么样的环境。

但是，不同的人因为对上述这些关系各有侧重而互不相同。杰出人物往往对某一种关系注重的程度与普通人以及其他杰出人物有着戏剧性的差别。

1. 掌握型杰出人物

掌握型杰出人物是全面地掌握了一个或多个领域的知识技能的人，我们称之为大师，他们的创造力通常来自充分的实践。比如莫扎特，他对音乐创作的掌握之全在他的时代简直是不可思议的。只有在他之前的巴赫和之后的勃拉姆斯同样可以称得上大师。

2. 开创型杰出人物

开创型杰出人物或许也掌握了一个或多个现有的领域，但他把自己的全部精力都用在创造一个新的领域上。比如弗洛伊德开创了精神分析学领域，波洛克开创了抽象表现主义画派，达尔文则是公认的生物进化论的缔造者。

3. 内省型杰出人物

对内省型杰出人物来说，生命中最有意义的事情就是探索自己的内心世界，包括日常生活的体验、强烈的欲望和恐惧以及内心思想活动的过程。他们既反省自己的内心世界，也善于洞察所有人共通的心理活动。比如英国作家伍尔夫，她的小说、文章、日记和书信中都留下了大量的这种自省的痕迹。

4. 影响型杰出人物

影响型杰出人物的首要目标是影响别人，比如甘地，他对各种政治和社会运动的成功领导，以及他堪称楷模的个人品格，都体现了他非凡的影响力。而且，他所写的自传性和劝诫性文字也间接地起着影响作用。

政治和军事领袖通常是直接的影响者，而其他人则是间接的影响者，他们通过写作或者某种行动的过程施加影响力。比如，温斯顿·丘吉尔和爱因斯坦都对第二次世界大战的战局产生过重要的影响：丘吉尔是直接地激励和指挥英国的人民战斗，爱因斯坦则是因为其发现的理论促使了原子弹的诞生从而间接地影响了战局。

当然，除了这四种主要的杰出类型，还有诸如精神导师和道德楷模等类型，甚至有些人可能同时算得上几个类型的杰出者。比如弗洛伊德，他既是神经病学的大师，又是精神分析学的开创者；他对自己的生活经验进行过深刻的反省；他影响了许多直接的追随者，更影响了无数的病人和他的著作的读者。

毫无疑问，我们不可能全部都变得杰出，但我们当中极少数的杰出者的经历可以帮助其他的人理解自己的选择、危机和机遇，正如学习美术离不开对那些伟大的画作的观摩，学习科学就必须掌握那些最重要的理论和最具有说服力的试验和演示。

这也正如尼采所说，"我们必须尊敬和爱戴那些伟大的人，而研究历史的学者们的任务就是不断地发现那些杰出者并将他们送入我们的脑海"。

作为普通人，我们可以经常性地反思——参照更长远的目标对日常生活进行规律性的、有意识的思考，努力理解生活中究竟发生了什么，以及它意味着什么——即我们正在为什么而努力，以及我们是否获得了成功。

通过反思，我们能够对自己有清醒的认识，选择适合自己的领域，发挥自己的优势，在实践中正确对待自己遭受的失败和挫折，并把它们转化为竞争中的优势，即调整。

调整是以积极的、有益的方式来分析经历并使自己充满活力和继续前进的过程。

每个人每天都会遇到一些顺利和不顺利的经历，即便是杰出人物也不例外。在经受挫折的同时，更重要的是，我们要能够看见它带来的学习机会——即通过对这些别人可能希望尽快忘记的遭遇进行反复的思考，从中发掘出有助于避免将来再遭失败的教训。

不要小看调整的作用，日积月累，它会产生巨大的力量。假如未来的创造者或者领导者每个星期能从一次经历中获得重要的教益，几年内就有几百次这样的经历。

这样的积累当然会影响这个人，使他与那些从不懂得停下来思考和吸取教训的人截然不同，也与那些错误理解自己的经历的人截然不同。

我们大多数人难以连贯、持久地做的事情对杰出者来说却可能是日常的"生活习惯"。十次、二十次地从失败中吸取教训可能并不会使你与众不同，但几百个教训的累积却会使一个人走上完全不同的生活道路。

美国前总统里根就是调整的大师。他不仅仅善于发现失败的光明一面（事实上他或许有点太过于强调事物的积极面了），更重要的是，他能从经历的每一个职业（无论成功或失败）中吸取教训，并将这些教训应用到下一个职业中。

一个大学体育比赛解说员和一个白宫主人之间是有巨大的差距的，但如果你沿着他从电台主持人到二流电影演员，再到电影演员协会总裁、通用电子公司的推销大师、加利福尼亚州州长候选人的轨迹跟踪下去，就不会再惊奇这巨大的鸿沟是如何被填平的了。

未来社会处于不断的变革之中，积极的创造者最有可能取得杰出的成就。相反，那些对未知感到害怕并为之胁迫的人很可能将自己限制在专门的领域之中，甚至可能被突如其来的变化击倒。而自我调整有助于改变这种情况。

我们中的大多数人能够拥有一些"小"的杰出的事业，比如写出好的故事。至于"大"的杰出成就，只有少数具有成为明星的天分和承受力的人能够取得，以此重构人类经验的重要领域。

优先级设定——决定什么才是最重要的

在繁忙的现代社会中，我们每个人都会面临各种选择，无论是在工作、家庭还是个人发展方面。设定优先级，决定什么才是最重要的，成了我们每天都需要面对的挑战。

首先，要认清自己的价值观和目标。我们每个人的生活都有自己独特的意义，明确自己的价值观可以帮助我们更清晰地知道什么是对自己真正重要的。同时，设定明确的目标也能让我们更有方向地前进。

其次，要学会权衡和取舍。生活中，我们不可能将所有的事情都做一遍，也不可能让所有人都满意。因此，我们需要学会权衡利弊，根据自己的价值观和目标来作出选择。有时候，放弃一些不那么重要的事情，才能更好地专注于真正对我们有价值的事情。

王远哲是我的老乡，他是一个有着多重技能的年轻人，既擅长编程，也对音乐和摄影有浓厚的兴趣。大学毕业后，他面临一个重要的选择：是进入一家知名的科技公司，还是追逐自己的梦想，成为一名自由职业者，专注于音乐和摄影。

在与我交流后，王远哲深入思考和分析了自己的价值观和目标，决定先以编程为主业，进入科技公司工作。他认为，这样可以为他提供稳定的收入，并有机会进一步提升自己的技术能力。同时，他并没有放弃音乐和摄影，而是将它们作为业余爱好继续发展。

几年后，随着技术能力的提升和工作经验的积累，王远哲在公司中获得了更高的职位和更好的待遇。而他的音乐和摄影技能也得到了很大的提升，甚至开始为他带来一些额外的收入。

王远哲通过明确自己的价值观和目标，设定了合理的优先级。他选择了以编程为主业，同时不放弃对音乐和摄影的热爱，最终实现了事业和爱好的双赢。

另外，要保持灵活和开放的心态。生活总是充满了变数，我们设定的优先级也需要随着时间和情境的变化而调整。因此，不要过于固执己见，要保持灵活，随时准备应对变化。

在设定优先级的过程中，我们还需要警惕一些常见的心理陷阱。比如，过度追求完美可能会让我们陷入无尽的焦虑和纠结中；过于关注他人的评价则可能让我们失去自我、迷失方向。因此，我们需要时刻保持清醒的头脑，坚持自己的价值观和目标。

最后，要记住，设定优先级并不是要我们完全忽视其他事情，而是要我们学会合理分配时间和精力。重要的事情值得我们投入更多的时间和精力去做得更好，而其他事情则可以适当放宽要求或者寻求帮助和支持。

李婷是一位忙碌的职场妈妈，她既要工作，又要照顾家庭和孩子。每天，她都觉得时间好像不够用，总是匆匆忙忙地赶事情。

为了改变这种状况，李婷开始尝试设定优先级和进行时间管理。她首先列出了一份每日任务清单，包括工作、家务和孩子的教育等。然后，她根据任务的紧急程度和重要性对它们进行了排序，将最重要的任务放在最前面处理。

同时，李婷还学会了合理分配时间和精力。她发现，有些家务可以等孩子睡觉后再做，而有些工作则可以利用碎片时间完成。通过优化时间管理，李婷提高了工作效率，有了更多的时间陪伴孩子和进行自我提升。

在上面这个案例中，李婷通过设定优先级和合理的时间管理，成功地平衡了工作、家庭和个人发展的关系。她不再感到匆忙和焦虑，能够更加从容地面对生活的挑战。

优先级设定是我们每个人都需要掌握的生活技能。通过明确自己的价值观和目标、学会权衡和取舍、保持灵活开放的心态以及警惕心理陷阱，我们可以厘清生活中哪些事情是更重要的，并合理分配时间和精力去做好它们。这样，我们才能过上更加充实、有意义的生活。

自我关爱——在忙碌中不忘照顾自己

在现代社会的快节奏生活中，我们常常陷入忙碌的漩涡，无暇顾及自己的身心健康。然而，真正的成功并非仅仅体现在获得职业成就或财富积累上，更体现为我们能够在忙碌中保持对自己的关爱。因此，学会自我关爱，成为我们在繁忙生活中不可忽视的一项任务。

1. 认识并尊重自己的需求

我们需要了解自己的身心状态，及时感知自己的疲劳、压力或不满。当我们感到疲惫时，不妨给自己放个假，好好休息一下。当我们感到压力巨大时，可以尝试通过运动、冥想或与朋友交流来释放压力。只有我们真正认识了自己的需求，才能更好地满足它们，从而保持身心健康。

2. 关注自己的情绪

情绪是我们内心的指南针，它告诉我们什么是我们喜欢的，什么是我们不喜欢的。因此，我们需要学会倾听自己的内心声音，关注自己的情绪变化。当感到沮丧、焦虑或愤怒时，不要试图压抑或否认这些情绪，而是应该寻找合适的方式来表达和释放它们，如与信任的人分享感受、写日记或进行艺术创作等。通过关注情绪并找到合适的方式来表达它们，我们可以更好地了解自己，从而更加关爱自己。

3. 关注自己的身体健康

身体是我们存在的基石，只有身体健康，我们才能更好地追求梦想、实现目标。因此，我们需要关注自己的饮食习惯、运动计划和睡眠质量等。保持均衡的饮食、适度的运动和充足的睡眠对于维护身体健康至关重要。同时，我们还需要定期进行身体检查，及时发现并治疗潜在的健康问题。通过关注身体健康并付诸行动，我们可以更好地照顾自己，提高生活质量。

在忙碌的工作和生活中，我们还需要学会放松自己，给自己留出一些私人空间。我们可以做一次短暂的冥想、进行一次亲近大自然的徒步旅行或是在一个安静的夜晚独自阅读一本书。这些可以帮助我们暂时逃离繁忙的生活，回归内心的宁静与平和。在放松中，我们可以充电、恢复活力，并更好地面对生活中的挑战。

最后，我们要记住，自我关爱是一种长期的习惯和态度。它需要我们持续地关注自己的需求、情绪和身体健康，并付诸行动。只有我们真正地将自己放在重要的位置上，才能在生活中找到平衡和幸福。因此，让我们在忙碌中不忘照顾自己，学会关爱自己，让生活更加美好吧！

我的一位学员胡向红是一家大型企业的高级经理，原先每天都处于工作的高压下。他不仅要处理大量的业务，还要管理团队，确保每个项目都能按时完成。这让他几乎没有时间照顾自己，每天回到家都筋疲力尽。

后来有一天，胡向红突然感到胸闷、心悸，被紧急送往医院。经过检查，医生告诉他，他的身体已经出现了过度疲劳的迹象，如果再不注意休息和调整，可能会有更严重的健康问题。

这次身体的警示，像是一道闪电，唤醒了胡向红的自我关爱意识。他开始深刻反思：在追求职业成功的同时，如何更好地照顾自己？

痛定思痛，胡向红决定从调整生活和工作习惯入手。他优化了工作时间，确保每天有足够的休息时间。午休时进行冥想，成为他解压的秘诀，让他在紧张的工作间隙找回了内心的宁静。

不仅如此，胡向红还对自己的饮食进行了"大刀阔斧"的改革。他开始亲手准备营养均衡的午餐，摒弃了外卖。晚上回家后，他会进行简单的运动，这也能帮助他释放一天的压力。

值得一提的是，这次健康危机还无意间挖掘了胡向红对有机食品和营养健康的兴趣。在兴趣的驱使下，他开始学习相关的营养知识，甚至考取了公共营养师证书，用专业知识来武装头脑。更进一步的，他加入了远方好物的有机食品平台，成了一位店主。在这里，他不仅分享着各类有机食品，更传递着健康养生的理念。

展望未来，胡向红对自己的职业规划有了更加清晰的认识。他计划将自己在营养健康领域的知识和经验融入企业管理中，推动公司更加注重员工的健康与福利。同时，他希望能够借助远方好物这个平台，将更多优质的有机食品和健康理念推广给更多人，为社会的健康事业贡献自己的一份力量。胡向红坚信，只有将自我关爱与职业发展相结合，才能走出一条更加宽广、更加精彩的道路。

灵活适应——应对生活与创业中的变化

在快速变化的时代背景下，无论是处理日常事务还是创业，我们都不得不面对各种突如其来的变化。这些变化可能是微小的调整，也可能是颠覆性的转变。然而，无论变化是大是小，我们都需要具备一种能力——灵活适应，以便在变动不居的环境中立足，甚至脱颖而出。

在生活中，我们可能会遭遇各种各样的变故，比如行业变化、职业转型、家庭变动、人际关系变化等。这些变化可能打乱我们原本的生活节奏和计划，让我们感到迷茫和不安。然而，正是这些变化，促使我们不断反思、学习和成长。为了灵活适应这些变化，我们需要保持一种开放的心态，愿意接受新事物、新思想。同时，我们还需要具备良好的沟通能力和人际交往能力，以便在变化中找到新的机遇和资源。

在创业道路上，灵活适应同样至关重要。创业者需要面对政策的突变、市场的快速变化、竞争对手的崛起、技术革新的冲击等。这些变化可能对创业项目产生重大影响，甚至决定项目的生死存亡。因此，创业者需要具备敏锐的市场洞察力，及时发现市场的变化，并做出相应的调整。同时，他们还需要具备快速决策和行动的能力，以便在竞争中抢占先机。

要培养灵活适应的能力，我们可以从以下几个方面入手：

- 关注外部环境的变化，时刻关注市场动态、技术发展、政策调整等信息，以便及时发现和应对变化。
- 保持学习的态度，不断提升自己的综合素质和能力，如学习新的技能、拓展知识面、增强创新能力等。通过不断学习和提升，我们可以更好地适应变化，甚至引领变化。
- 培养积极的心态和情绪管理能力。面对变化时，我们要保持冷静和乐观，用积极的心态去面对挑战和困难。同时，我们还要学会调整自己的情绪，避免负面情绪对决策和行动产生负面影响。
- 建立良好的人际关系网络。人际关系网络是我们获取信息和资源的重要途径。通过与不同领域的人建立联系和交流，我们可以更全面地了解外部环境的变化，并获得更多的支持和帮助。

灵活适应是我们在生活与创业中不可或缺的能力。只有具备了这种能力，我们才能在变化中立足、成长和成功。我们要时刻关注外部环境的变化，保持学习和成长的态度，培养积极的心态和情绪管理能力，并建立良好的人际关系网络。这样，我们才能更好地应对生活与创业中的变化，实现自己的目标和梦想。

我的另一位学员刘家宁，是一位富有激情和远见的创业者，曾成功创办并经营一家线上教育平台，专注于为中小学生提供高质量的线上辅导服务。然而，市场环境的突变和政策调整给他的事业带来了巨大的冲击，也影响了他的经济状况和生活质量。

面对政策调整和市场变化，刘家宁深知必须灵活应对，及时调整策略。他毅然决定转型，寻找新的创业机会。但转型需要大量的资金投入，原有业务的萎缩也导致家庭收入大幅减少，这让他的生活压力倍增。

在经济层面，刘家宁开始精打细算，严格控制家庭开支，并制定详细的月度预算。为了节省开支，他减少了外出就餐的频率，更多地选择在家烹饪健康餐点。

为了增加收入，刘家宁积极寻找兼职机会，利用自己的专业知识和经验为企业提供咨询和指导服务。然而，他并不满足于此，一直在探索更多的可能性。

在这个过程中，刘家宁对营养健康和有机食品产生了浓厚的兴趣。一次偶然的机会，他通过朋友的推荐了解到了远方好物有机食品平台。这个平台致力于提供高品质、无添加的有机食品，倡导健康、环保的生活方式。刘家宁很快成了远方好物的忠实消费者，深刻感受到了有机食品带来的健康益处。

随着时间的推移，他对远方好物平台的理念愈发认同。他意识到，健康的生活方式不仅仅是个人的追求，更是一种普遍理想的选择。于是，他毅然决然地决定成为远方好物的店主，希望通过自己的努力，将健康和有机的理念传递给更多的人。

除了经济层面的调整，刘家宁在生活方面也做出了深刻的转变。他开始更加注重家庭和健康，利用业余时间陪伴家人，进行户外活动和旅行。同时，他还培养了新的兴趣爱好，如吉他、摄影等，这些爱好不仅丰富了他的生活，也帮助他释放了创业和生活带来的压力。

在创业方面，刘家宁凭借敏锐的市场洞察力和不懈的努力，成功找到了新的创业方向——为企业提供定制化的在线培训解决方案。他自学相关知识，提升自己的专业能力，并积极与潜在客户沟通，了解他们的需求，为他们量身定制解决方案。

虽然转型过程中遇到了许多困难和挑战，但刘家宁凭借灵活适应的能力和坚持不懈的努力，最终成功地克服了重重阻碍。他的新业务逐渐走上正轨，而且家庭收入也逐步恢复稳定并具备更多的收入来源。更重要的是，在这个过程中，刘家宁学会了在变化中寻找机遇、在困境中寻求突破，这将成为他未来创业道路上宝贵的财富。

第六章
自我修炼：超级个体的内在成长

提升思维能力——思维模式的升级与进化

1. 打破思维定式

你能从这张图里找到多少个圆形？也许有的人很快就能找到16个圆形，但也许有的人一个圆形也找不到。乍一看，画面里都是线条和方块，但在方块与方块之间，却是一个个圆形。你看到了吗？

马戏团里的大象，被一条小小的锁链系在一根插在地上的木桩上。以大象的力量，应该能轻而易举地拔起木桩，它却不这么做。据说在大象很小的时候，就被这么一根锁链和木桩拴住了。当时它很小，力量还不够，曾经尝试过挣脱束缚却一直没能成功，于是就放弃了，直到成年，它也不敢再去尝试挣脱那个小小的木桩。

人们之所以没能看到上面图画中的圆形，以及成年大象之所以不敢去挣脱拴住它的木桩，就是因为"思维定式"。"思维定式"是如此的强大，可以让人"视而不见"图画中的圆形，可以让成年的大象受制于一条细细的铁链。

生活中，这样的例子比比皆是。我们常常听人说"不可能""我做不到""我不行"，等等。有的是因为自卑，有的是为经验所困，有的是迷信权威，也有的是因为思维麻木、习以为常，还有的是因为从众，缺乏独立思考。

凡此种种，都是"思维定式"的表现。"思维定式"限制了人的发展，限制了人的想象力，也限制了人的无限可能性。

你其实可以，你其实能做得更好、更成功，你其实也能做到别人做到的那些所谓"壮举"，关键在于打破"思维定式"。

打破"思维定式"，需要培养开放的思想，不排斥新思想，也不盲从、不轻信，大胆质疑，尽量突破他人思想和自己固有经验的局限；构建立体思维，不受点、线、面的局限，充分发挥想象力；从不同角度去观察思考同一事物；有意识地进行非常规思维的思考，如从逆向、侧向进行与众不同的思考。

2. 网络时代，更需要批判性思维

网络时代不同于纸媒时代的一个重要特征是，信息获取非常容

第六章 自我修炼：超级个体的内在成长

易。每天我们都能接触到各种各样的信息，因而这个时代也被称为"信息爆炸""信息泛滥"的时代。

然而，不幸的是，由于信息发布者的目的、认知各异，信息并不都是真实的，信息中所传递的观点也不一定都是正确的，甚至很多信息是自相矛盾的。如果我们不能有效识别信息，没有独立思考能力或者批判性思维，可能就会茫然不知所措。

提到"批判性"，也许有人会认为这是个负面词汇。实际上，"批判性思维"并不是说我们要以挑剔、找错的眼光来看待世界，而是说我们要以开放、反思的心态来看待世界，不要没有根据地轻信——正如有人说的"无脑信"。

不轻信，不仅仅是不轻信普通人，关键在于不轻信专家、权威，尤其是不轻信专家所擅长的领域以外的事情。我们常说"爱屋及乌"，就是认可一个人，可能连带着认可他所有的行为或观点。

很多我们习以为常的观点或习惯都是错的。固有的习惯具有强大的力量，潜藏在我们的意识深处，让我们不经思索，就对事情做出反应。

所以我们要放下先入为主的观念，反思自己的思维习惯，看自己是否经常凭经验、凭感觉判定事情，或者容易轻信别人，尝试去培养批判性思维，以取代旧有的错误思维习惯。

批判性思维是一种理性的思维，要求我们把判断建立在合乎逻辑的推理而不是个人喜好上，通过深入的调查研究、分析评估，去发现规律，逼近真理。

想要建立批判性思维，要做到以下四点：

（1）要保持开放的心态，尊重持不同意见的人。要认识到自己的局限性，即使不同意他人的观点，也要多倾听他人的意见，不轻易打断别人的讲话。

（2）要保持好奇心，善于发现问题或有争议的地方，穷根究底，去发现问题背后的真相。

（3）要有耐心，注意克制自己的感情，不被情绪左右，不被冲动左右，对事不对人，三思而后行。

（4）要警惕极端的观点，极端的观点很少正确，但也要警惕模棱两可的观点，一个观点应具有清晰的主旨。

3. 培养批判性思维从三个区分着手

大家都说，批判性思维很重要。那么，如何培养批判性思维呢？显然，批判性思维不等于批评性思维。不能逮到问题，不管三七二十一，先一顿批评，说些不一样的观点，表明自己与众不同。这种批评式的思维模式，只会招致别人的反感。

批判性思维，简单点说，就是不人云亦云，以质疑的精神去发现事物背后的真相。我们常常听到别人的一些观点、想法，或者一些意见或建议，如果不假思索、照抄照搬，把这些观点、想法和建议当成事实、真理，并作为判断或行动的依据，就有可能与真相失之交臂，结果"差之毫厘，谬以千里"。

培养批判性思维，需要从三个区分做起。

首先，区分事实与观点。

事实没有对错，但有真假；观点没有真假，但有对错。观点代表一个人对事物的认识和看法，有真知也有谬论。一些常见的观点，就是流行的谬论。

"高风险高回报，低风险低回报"是非常流行的谬论之一。

如果不假思索，认为具有高风险的投资都会有高回报，不具有专业的投资能力，盲目去投资高风险的资产，就可能遭遇失败，血本无归；进一步说，认为想获得高回报就要承担高风险，从而解读之前的投资失败的原因就是承担了"高风险"，未免也是片面的。如果具有了相应的专业能力，"高风险高回报"也可能是"低风险高回报"；而如果没有相应的专业能力，"低风险低回报"也有可能成为"高风险低回报"。

"高风险高回报，低风险低回报"只是一种观点，如果认为它是一种事实、真理，从而依据这种观点去作出决策，就有可能遭受损失；如果清楚"高风险高回报，低风险低回报"不是事实，并去搞清楚其背后的逻辑：风险与回报高低，关键在于是否具备相应的专业能力，就有可能作出正确的决策，从而收获成功。

其次，要区分事实与想法。

很多时候，我们做决定是基于一种想法，在不加论证的情况下，将其作为事实或真相，来辅助决策。

想法不是事实，而有可能是一种假设，或者一种猜测。假设与猜测都不是事实，都需要去核实，需要去看想法背后的依据是否有事实做支撑。找到想法背后的事实，就能澄清想法，从而修正想法，使想法更符合事实、更能落地、更容易成功。

从想到做，中间需要去澄清、核实，不能跨越这一阶段，把想法直接付诸实践。

再有，要区分事实与建议。

建议通常以一种友善的方式提出，更容易击中人心，也更容易为人所接受。但建议也有对有错，也需要分辨、辨别。

所谓"听话听音"，这个"音"就是"弦外之音"，本质上就是事实与真相。不能简单地听到建议，就全盘接受，要去看建议背后的逻辑与真相。

古人说，"三思而后行"。

这个"思"就是思考对错，思考真假，思考背后的事实与真相，从而做正确的判断、正确的决策、正确的行动，得到正确的结果。

培养批判性思维，就要从以上三个区分着手，尊重事实，追求真理，探寻真相。

4. 如何突破"内卷"？

"内卷"是什么意思呢？百度百科上解释说："内卷，本意是指人类社会在一个发展阶段达到某种确定的形式后，停滞不前或无法转化为另一种高级模式的现象"。

一般人看到这个解释，可能还是觉得不理解、不明白。换个词也许更好理解些，比如"内耗""存量竞争""边际效应递减""低水平重复"，或者处于无法突破的"平台期"等。

内卷的现象，出现在很多领域。

比如工作上，为了表忠心，领导不走，大家就集体加班，其实只是在那里耗时间，并没有产生实际的价值，这是一种内卷。

家长们为了让孩子考上更好的学校，拼命"鸡娃"，让孩子上补习班，但升学本质上是一种排位赛，集体补课的结果只是增加了竞争的强度，升学的名额并没有改变。这也是一种内卷。

内卷的典型特点，就是在有限的资源环境中进行存量竞争，从而导致竞争加剧，边际效应递减。

相应地，突破内卷的方法，便在于打破存量竞争，跳出固有的竞争状态，向外寻找出路。

简单点说，就是去寻找一条人迹罕至的路，换个赛道，摆脱"红海"，进入"蓝海"。

一个人应根据自己的天赋或优势，寻找适合自己的独特的资源，走一条与众不同的路，实行差异化竞争。

或者去寻找竞争者较少的领域，避免"千军万马过独木桥"，这样成功的可能性就会更大一些。

或者去寻求做大蛋糕，提高增量，着力于更高水平、更大平台上的提升，实现多方共赢，而不是进行低水平竞争，大家拼个你死我活。

大家都去追求分数，那就考虑跳出分数的竞争，去看看分数背后的意义，发挥自己的特长，构建不一样的竞争优势。

大家都去拼职场，那就考虑跳出职场，去做老板，在另一个平台上竞争，也许就是一片蓝海。

大家都在传统领域厮杀，那不妨去看看新兴领域，找找未来的趋势，提前布局，构建自己的竞争优势。

总之，换个视角看问题，反向思考，追寻事物背后的本质，就有可能为突破内卷提供不一样的机会。

5. 从消费者视角向投资者视角转换

思维决定行为，行为决定结果。一个人的思维方式，决定了他能成为什么样的人。

人们常说，想成为富人就要具有富人的思维方式，而不是简单地模仿富人的生活方式。

比如富人买豪宅、豪车，住豪华酒店，消费奢侈品，等等，那么我们也去这样做，就可以成为富人了吗？

显然，想成为富人，首先得要有富人一样的赚钱能力或财富基础，而不是超越自己的经济水平，像富人那样去消费，去攀比。

很多人看富人，更多地看到富人花钱的一面，看到富人挥金如土，幻想着有朝一日成为富人，也能那样去生活。说到底，他们羡慕的是富人的生活方式，羡慕富人似乎有花不完的钱，而并没有真正去思考过，如何成为一个真正的富人。

富人之所以成为富人，并不是因为他们善于花钱，而是因为他们能赚到花不完的钱。

因此我们需要转换视角，从看富人如何花钱，转换为看富人如何赚钱。

花钱，就是作为一个消费者，去享受"消费者就是上帝"之"上帝"的荣耀，满足自己的个人欲望。

赚钱，就是作为一个投资者，去思考如何才能通过自己所提供的服务或产品，为别人带来价值，满足别人的需求和欲望，从而为自己赢得利益。

花钱与赚钱似乎是一个硬币的两个方面,却是截然不同的两种思维方式。

即便是花钱,以消费者的心态去花钱,虽然满足了自己的欲望,但会让钱越来越少;而以投资者的心态去花钱,虽然钱花出去了,但还会得到有一定收益率的回报。

作为投资者,就是要去考虑投入有多大回报,权衡此投入与彼投入相比哪个更有价值。

如果一个人时常考虑如何赚钱,如何投资,天天思考投资回报率,假以时日,他就可能实现财务自由,进而为自己挣到花不完的钱,成为一个真正的富人。

而如果一个人天天琢磨如何消费,去哪消费,如何让自己像那些挥金如土的富人、大款那样生活,那他只会天天哀叹钱不够用,最终债台高筑。

换个思维看待财富,你走财富积累之路将会事半功倍。

修身养性——塑造性格,发展情商

一个人要想成功,拥有强健的体魄、健康的心理以及创造性思维还不够,还需要拥有令人喜爱的个性。

个性,也常被称为性格、人格,在心理学中的解释是,区别于他人的、在不同环境中显现出来的、相对稳定的、影响人的外显和内隐行为模式的心理特征的总和。

个性是一个人为了适应所生活的环境而做出的各种尝试的外在表现,是一个跟社会有关的概念。只有当我们把一个人放到生活环境中去考虑，才能说他具有某种性格特征。

人是社会性的、群居的，无论开展哪种事业都需要与人打交道，良好的社交能力对于个人成功有着重要的意义。面带微笑、充满活力、待人热情、兴趣广泛，都是社交中受人欢迎的良好品质。

心理学家阿尔弗雷德·阿德勒认为，个性特征是可以后天培养、塑造的。我们可以通过后天学习获得个性特征，用以帮助我们按照理想的方式生活。

比如，一个腼腆、胆怯的人，经过培训与锻炼，是能够成为一个面对客户充满信心、侃侃而谈的销售人员的。

晚清重臣曾国藩在日记中记录了自己个性塑造的过程，对自己的言行举止，做了非常严格的规范，用"圣贤"的标准来要求自己。他修身养性，终成时人的楷模。

美国开国元勋本杰明·富兰克林也是个性塑造方面的典范，他爱好读书、坚持学习，制定了十三条道德准则，不断改正性格中的缺陷，成为美国人心目中的楷模和学习的榜样。

具有同情心、同理心，能够换位思考，关心他人、理解他人并乐于帮助他人，能够控制自己的情绪，善于鼓舞和激励他人等个性品质都有助于一个人拓展人脉，发展朋友，从而得到更多人的认可。

古人说，得道多助，失道寡助。一个人具有良好的人格魅力，能够得到更多人的认可与支持，能够吸引、团结更多人去发展事业，自然就更有可能成功。

人格魅力是社交成功的重要因素，发展社交能力，其实就是塑造、展现自己的人格魅力。

与人格相关的另一个概念，"情商"，也是成功的重要影响因素。

情商，也叫情绪智力，于1990年由新罕布什尔大学约翰·梅耶和耶鲁大学彼得·萨洛维第一次提出，并由心理学家丹尼尔·戈尔曼发扬光大。丹尼尔·戈尔曼于1995年出版了《情商》一书，因此被称为"情商之父"。

情商，简单点说，就是管理情绪的能力。

丹尼尔·戈尔曼提出，情商的重要性体现在感情、性格和道德本能的联系上，生活中最本质的道德立场来源于基础的情绪能力。

对个体来说，冲动是情绪的表现，所有冲动都起源于情绪，最终表现为外在行动的情感爆发。容易冲动的人缺乏自制力，在道德上是有弱点的。控制冲动的能力是意志和性格的基础。

同样的道理，利他主义的根源是同理心——理解他人情绪的能力。如果对他人的需要或绝望缺乏感应，就谈不上关怀他人。

我们这个时代最需要的两种道德立场，就是自我克制和同情心。

丹尼尔·戈尔曼认为，情商比智商重要的领域主要是智力与成功关联度相对较低的"软领域"，比如一些情绪自我调节能力和同理心的作用比纯粹认知能力更为突出的领域。

一些智力的作用具有局限性的"软领域"对我们的生活非常重要。

首先是健康，紊乱的情绪和不良的人际关系是疾病的诱因，而能够更加平和、自觉地控制情绪的人，往往拥有独特、显著的健康优势。

第二个领域是爱情和人际关系，聪明绝顶的人也可能会在这些领域干出非常愚蠢的事。

第三个领域是顶尖水平的竞技，比如世界级的体育赛事。在顶尖水平的竞争环境中，每个运动员的练习时间都长达上万个小时，成功与否很大程度上取决于运动员的心理素质。

如今，拥有较强自我意识、控制破坏性情绪和同理心等成了职场约定俗成的要求，成了招聘和提拔员工的标准之一，甚至成了领导的必备素质。

情绪能够影响人的行为，甚至影响周围的人、周围的环境，这一点毋庸置疑。

如果我们掌握了情绪管理能力，我们就能更明智地处理情感生活，使我们的社会更文明、生活更和谐、事业更成功。

一个人若能关注自己的性格与情商，发展社交中的自我，培养出使自己充满魅力的谦谦美德，成为一个处处受欢迎的人，人生将会更幸福、更完美。

道义之锚——精神信仰与理想信念

2020年8月11日，雷军在小米十周年主题演讲中说，小米要"做全球最好的手机，只卖一半的价钱，让每个人都买得起"。

这可以说是小米的理想与信仰。

阿里巴巴也曾提出，"让天下没有难做的生意"。

这种信仰，指引着企业的发展，也激励着企业中的每个人为之奋斗。

企业如斯，人也一样。一个人如果没有精神信仰，哪怕拥有强健的体魄、健康的心理、敏捷的思维以及人格魅力，也无异于行尸走肉，缺乏灵魂。

第六章 自我修炼：超级个体的内在成长

精神信仰，是一种内在的激励力量。这种力量会超越肉体，超越物质，成为激励人心、催人奋进的无上力量。

有信仰未必能成大事，而没有信仰将一事无成。信仰代表着一种面向未来的长期主义精神，一种不达目的不罢休的信念。这种精神与信念，能指引人向着理想的目标奋进，并在奋进中改造人性，最终让人实现理想目标，成就心目中的自己。

我们常说"使命般的激情"，这个词体现了这种信仰、理想、愿景、使命所具有的激励人心、净化人性的力量。孟子关于"大丈夫"的名言，"富贵不能淫，贫贱不能移，威武不能屈，此之谓大丈夫"，成了无数古圣先贤的座右铭。

精神信仰常被称为精神财富，是比物质财富更为重要的财富。

廉·丹佛在《向你挑战》一书中指出，最值得我们拥有的财富是那些经过分享而不减少的东西，是那些越分享越加倍的东西；最不值得我们拥有的，是那些一经分享就消散的东西。

精神信仰就具有这样的特质。当我们把自己充沛的体力、敏捷的思维、富有魅力的个性和崇高的精神拿来与人共享时，它们就会相应地成倍增长。

这种分享本质上源于"爱"。

"爱"这种伟大的精神力量无所不在，不论是那些名垂青史的名人、伟人，还是芸芸众生，都因爱而受人尊重，因爱而充满力量。

个人成功离不开精神力量，离不开爱与分享；国家安定、社会和谐、人类发展更是离不开积极、正向的精神信仰。

随着现代人的健康饮食观念和环境保护意识提升，有机食品行业迎来了发展的黄金时期。在这一趋势下，无数企业纷纷涉足这一领域，而能够在众多竞争者中脱颖而出的，往往是那些拥有独特精神信仰和理想信念的企业。

我的学员罗悦林，是一家有机食品公司创始人，一个深受中国传统文化熏陶的农业科技专家，怀揣着"让人们吃得健康，让大地回归绿色"的远大理想，创办了有机食品企业。

罗悦林坚信，"人法地，地法天，天法道，道法自然"。他将这一哲学思想融入品牌理念中，倡导顺应自然、尊重自然的生产方式。他认为，只有真正遵循自然的法则，才能生产出最纯净、最健康的食品。他坚信，有机食品不仅仅能满足人们的口腹之欲，更是一种生活态度，一种对大自然的敬畏和回馈。

在他的农场里，罗悦林坚持不使用任何化学肥料和农药，让作物自然生长，坚持从田间到餐桌的全程有机化生产。他还引进了先进的生态农业技术，通过科学的管理和合理的种植布局，提高农作物的产量和品质。

罗悦林将"绿色信念"作为公司的核心精神信仰，以可持续发展、生态和谐为公司目标。他坚信，只有真正的有机食品，才能满足人们对健康和环保的双重需求。

在罗悦林的影响下，公司的每一位员工都成了"绿色信念"的践行者。他们不仅在生产过程中严格遵守有机标准，还积极参与各种环保公益活动，宣传有机食品的重要性和好处。这种积极向上的企业文化，使得这家公司在有机食品行业中独树一帜。

罗悦林的有机食品以其卓越的品质和独特的口感赢得了消费者的喜爱。罗悦林注重产品的每一个细节，从选种、种植、采摘到包装，都亲自把关，确保每一颗粮食、每一片蔬菜都能达到最高的品质标准。

同时，他的公司在产品研发上不断创新，推出了一系列高品质、口感独特的有机食品，如有机大米、有机蔬菜、有机水果等。同时，公司还积极探索线上线下的销售渠道，通过建立自己的电商平台、合作商超和餐饮企业等方式，将产品推向全国乃至全球市场。

在市场推广方面，罗悦林也颇具匠心。他通过社交媒体、线下体验店等多种渠道，让消费者近距离感受有机产品的魅力。同时，他还定期组织农场参观活动，让消费者亲眼看到有机食品的生产过程，从而更加信赖和支持企业。

罗悦林创业的成功不仅体现在经济收益上，更体现在其对社会和环境的积极影响上。通过推广有机食品，他让更多的消费者认识到了有机食品的好处，提高了整个社会对环保和健康饮食的认识水平。同时，他的公司还积极参与各种环保公益活动，为社会贡献自己的力量。

在未来五年的战略规划中，罗悦林表示，会继续秉承"绿色信念"，坚持有机食品的生产和推广，不断创新和完善产品线，拓展国内外市场，不断扩大市场份额和影响力。同时，他的公司还将加强与政府、科研机构、高校等单位的合作，共同推动有机食品行业的健康发展。罗悦林也希望通过自己的努力，让更多人享受到有机食品带来的美好生活。

通过这个案例，我们可以发现，一个企业的成功不仅仅依赖于其产品的质量和市场的表现，更依赖于其背后的精神信仰和理想信念。正是这种信仰和信念，使得罗悦林的公司能够在有机食品行业中脱颖而出，成为一个充满活力和影响力的企业。

第七章
网络化生存：构建个人品牌

自媒体：网络化时代个人品牌的最好载体

疫情三年，让人们对网络化生存有了深入认知，也催化了电商、社群与自媒体的发展。

那么我们要如何打造网络化生存能力，从而获得更高的网络化生存收入呢？

首先，我们需要构建一个网络身份，在网络上建立个人品牌。

建立个人品牌的好处是毋庸置疑的，良好的个人品牌能够带来更低成本的认知，能够提供信用背书，能让自己拥有更大的话语权，从而产生更高的品牌溢价，让自己更值钱。

在网络时代，人人可以发声，信息泛滥，注意力分散，所以更有必要建立个人品牌。如果建立了个人品牌，内容就更容易被识别、被认可。

要在网络上打造个人品牌，可以将线下积累的专业能力、个人品牌迁移到网络上，并进一步去放大，从而构建自己的网络形象，扩大自己的网络影响力。

但这需要一个载体，在线下，品牌可以通过业务交往、人际交流等方式与人建立联系，展现自己的个人信用、魅力和才华，在网络这个虚拟世界里，却无法做到这一点。

微信朋友圈构建的是一个熟人社交圈，相对封闭，也很难扩散。

如果想发挥网络的优势，以最短的路径去链接所有人，就需要有一个开放的途径和载体，以与朋友圈之外的世界直接交流，而自媒体就是最好的载体。

网名只是你的网络名字，只是一个符号，通过自媒体，你可以展现你的思想、气质、价值观、专长、生活方式，等等。这些代表了你在网络世界里的形象，也是你个人品牌最好的载体。

自媒体是你自己的平台，能够让你输出自己的价值观，进而积累自己的粉丝，扩展自己的影响力；自媒体是一个开放的平台，更便于信息传播，能让你有更高的曝光率；自媒体能够让别人方便地找到你，实现点对点的链接，减少中间环节；自媒体能够沉淀并放大你的个人品牌，有利于你与客户建立信任，从而减少沟通成本，等等。

因此，自媒体就是你的网络身份。有了自媒体，你就可以打造自己的网络品牌；经营好自媒体，你就可以提升自己的个人品牌。

我的创业营学员张涵，刚毕业时像许多迷茫的青年一样，不知所措。他曾就读于一个普通大学的计算机科学与技术专业，虽然成绩优秀，但在茫茫人海中并不显眼。

毕业后，张涵进入了一家小型科技公司工作，每天重复着代码编写、测试、修改的工作。虽然他对技术充满热情，但渐渐感到这样的生活似乎缺少了些什么。

某个晚上，张涵偶然间看到了一篇关于自媒体的文章，里面讲述了如何通过自媒体平台分享专业知识，建立个人品牌。这篇文章点燃了张涵心中的火花，他决定走出自己的舒适区。

于是，张涵开始了他的自媒体之旅。他选择了一个专注于技术分享的自媒体平台，并给自己起了一个响亮的网名——"技术小达人"。起初，他的文章并没有引起太多关注，但他并不气馁，坚持每周更新一篇技术文章。

随着时间的推移，张涵的写作技巧越来越娴熟，他开始尝试用更加通俗易懂的语言解释复杂的技术问题，并且结合自己的工作经验，分享一些实用的编程技巧和项目管理经验。这些文章逐渐受到读者的喜爱，他的粉丝数量也开始稳步增长。

有一天，张涵写了一篇关于人工智能技术的文章，这篇文章意外地引起了广泛的关注。许多读者在评论区留言，对他的观点表示赞同，并希望他能继续深入分享这方面的知识。张涵看到了自己努力的价值，也感受到了个人品牌带来的影响力。

从此，张涵的自媒体之路越走越宽。他与多家知名科技公司建立了合作关系，为他们撰写技术文章，进行产品评测，甚至受邀参加一些技术研讨会。他的个人品牌逐渐从技术领域扩展到了更广泛的范围。

如今，张涵已经成了一个自媒体明星，他的文章被大量转发和分享，他也因此结识了许多志同道合的朋友和业界大咖。他的生活发生了翻天覆地的变化，但他始终保持谦逊和热情，继续为读者分享有价值的内容。

回顾自己的逆袭之路，张涵感慨万分。他意识到，是自媒体给了他展现自己的舞台，让他能够将自己的知识和经验分享给更多人。他也希望自己的故事能够激励更多人勇敢追求自己的梦想，不畏艰难，坚持不懈。

■ 环境剧变，考验你网络化生存能力的时候到了

在科技浪潮的推动下，我们所处的世界正经历翻天覆地的变革。自媒体、人工智能、智能化应用和物联网等新兴科技，不仅重塑了社会风貌，更对我们每个人的网络化生存能力提出了前所未有的要求。

1. 自媒体与超级个体的崭露头角

自媒体的兴起赋予了每个人发声的权利，每个人都可以是信息的创造者和传播者。

在这个舞台上，超级个体凭借卓越才能和独特观点，吸引了大量粉丝的关注，也通过各种变现方法，获得了巨量的财富。

对于我们每个人来说，要在自媒体世界中立足，不仅需要具备创造高质量内容的能力，还需要学会有效地推广自己，更好地与粉丝互动，以及处理各种网络舆论。

具体来说，我们需要做的是关注热点话题，及时捕捉并分享有价值的观点和信息。同时，我们也要注重培养自己的表达和写作能力，以便更好地传递思想和情感。

此外，与粉丝的互动也很关键。我们可以通过回复评论、私信等方式，与粉丝建立起紧密联系，从而扩大自己的影响力，进而构建自己的私域圈子，与粉丝建立高黏性的情感链接，把粉丝变成自己的终身合作伙伴。

2. AI 与智能化应用的广泛渗透

AI 与智能化应用已经渗透到我们生活的方方面面。从语音助手到智能家居，从自动驾驶到智能医疗，它们的存在不仅提升了我们的生活质量，还改变了我们的工作方式。

AI 发展速度如此之快，为了适应这一变革，我们需要主动了解和掌握这些技术。例如，学会使用语音助手来管理日程、查询信息；通过智能家居系统实现远程控制家电，提高生活便利性；关注自动驾驶技术的最新进展，以便在未来享受更安全的出行体验；利用 AI 工具来帮助自己写文章、做课题，开启智能分身，高效率地完成工作，等等。

3. 物联网的万物互联

物联网技术通过连接各种智能设备，构建起了一个庞大的信息网络。在这个网络中，各设备可以相互通信和协作，有助于相关人员实现更加智能和高效的管理。

物联网的作用主要体现在以下几个方面：提高生产效率，例如通过实时监控和调整生产过程，减少浪费，降低成本；改善生活便利性，例如通过智能家居系统实现远程控制家电，让生活更加便捷；推动新兴产业的发展，例如智能物流、智能交通、自动驾驶等。

对于个人网络化能力来说，物联网的发展要求我们学会与各种智能设备进行交互。

我们需要了解如何设置和使用这些设备，以便让它们更好地服务于我们的生活和工作。

此外，我们还要关注物联网技术的最新进展和应用场景，以便及时把握机遇并应对挑战。

面对科技带来的生产生活环境剧变，网络化生存能力成了我们必备的能力，包括快速获取和筛选信息、有效推广自己、与各种智能设备进行交互的能力等。

我们可以通过参加相关培训课程、阅读专业书籍和文章、关注行业大咖的观点和分享、参加相关社群与专业圈子等方式来不断学习和进步。

张涛是一名对科技充满热情的年轻人，他一直以来都在追求高效、便捷的生活方式。近年来，随着物联网技术的飞速发展，智能家居行业蓬勃兴起，张涛看到了其中蕴含的巨大潜力，并决定投身其中。

为了推广智能家居产品，张涛开设了一个自媒体账号，专门分享智能家居的使用心得、产品评测以及行业动态。凭借对智能家居的深入了解和独到见解，他获得了大量粉丝，成了智能家居领域的超级个体。通过自媒体平台，张涛成功地将自己对智能家居的热爱传递给了更多人，并带动了产品的销量。

在智能家居领域，AI技术发挥着至关重要的作用。张涛与一家智能家居公司合作，推出了一款具备语音识别功能的智能音箱。用户只需对音箱说出指令，即可控制家中的各种智能设备，如灯、空调等。这款产品的推出，极大地提升了用户的生活便利性，也进一步推动了智能家居市场的繁荣发展。

在智能家居领域，物联网技术的应用尤为突出。张涛的公司推出了一套完整的智能家居解决方案，通过物联网技术将家中的各种设备连接起来，实现智能化管理。用户可以通过手机App远程控制家中的设备，随时了解家中的情况。同时，这套系统还具备学习能力，能够根据用户的使用习惯进行智能调整，提供更加个性化的服务。

有一次，张涛在外地出差，突然接到家里人打来的电话，说家里的水管爆裂了。万分紧急之下，他通过手机 App 远程关闭了家里的水阀，避免了更大的损失。这次事件让张涛深刻体会到了物联网技术在实际生活中的应用价值。

在智能家居的行业竞争中，张涛意识到网络化生存能力的重要性。他不仅要关注行业动态，还要不断学习新技术、了解新产品，以便更好地满足客户需求。同时，他还要通过自媒体平台与客户保持紧密互动，及时解答客户的问题，提供专业的购买建议。

为了提升自己的网络化生存能力，张涛积极参加各种行业研讨会和培训课程，与同行交流经验，拓宽自己的视野。他还注重培养自己的创新思维和跨界合作能力，以便在竞争激烈的市场中脱颖而出。

随着科技的不断发展，智能家居行业将迎来更加广阔的发展空间。张涛坚信，只有不断提升自己的网络化生存能力，才能在这个充满机遇与挑战的时代立于不败之地。他将继续关注科技动态，积极拓展业务领域，为客户提供更加优质的产品和服务。

在这个充满变革的时代，我们只有勇于接受新事物，不断提升自己的能力水平和综合素质，才能更好地适应未来社会的发展需要，并创造出更加美好的未来！

■ 离开公司，我们什么都不是——个人品牌的重要性

当前经济环境的变化，引发了我们对生存的思考。身在职场，职业安全是我们不得不考虑的问题。

知名大公司、高级职位、响亮的头衔、高薪水，这些光鲜的名词的背后，有多少是因为我们选对了行业，有多少是因为我们选对了公司？只有在离开了公司这个平台的时候，我们才会发现，离开公司，我们可能什么都不是。

当行业受到冲击，当公司这艘大船逐渐沉没，或者当我们被发展中的公司抛弃时，中年危机便不期而至。

君不见，那些曾经叱咤风云的"打工皇帝""打工皇后"，离开原来的公司后，逐渐淡出了公众的视线，辉煌不再，寂寂无闻。

我们曾经以为自己是凭"实力"获得一切的，后来发现，离开公司这个平台，我们可能永远也无法再创曾经的辉煌。

当然，有人可能会说，选对了行业、选对了公司，能够获得之前的辉煌，本身就是能力的体现啊。

是的，这是我们曾经的辉煌、曾经的实力，但也不得不说这是借力得来的结果，是我们借助公司这个平台，帮助自己获得的人生辉煌。如果不能看清这点，未雨绸缪，我们就可能会经历职业危机、人生危机。

在人生的不同阶段，我们需要借助不同的平台，去实现自己的职业价值、人生价值。而如果拥有自己的平台，我们无疑就给自己增加了一道职业保障。如果我们能不断积累，不断提升自己的价值，当我们所借助的平台出现变动的时候，我们就不至于黯然离职，风光不再。

疫情的暴发使我们看到了网络的力量。在这样一个网络化的时代，个人与网络已然不可分离，网络已然成为我们生存的必然环境。将个人的职业价值与网络链接起来，尽早打造自己的网络身份，打造自己的个人品牌，无疑是一种必然的选择。

而且，通过建立自己的自媒体，无论是以图文、短视频还是直播等形式，将自己的专业、努力、职业价值与网络链接，记录自己的成长历程，都能促进自己与他人交流与沟通，找到人生发展的同路人，与他分享、碰撞、携手同行，最终共同提高，可谓一举多得。

网络是这个时代的必备工具，也是我们可以借助的有效平台。借助这个平台，打造我们自己的个人品牌，可以帮助我们提升能力，积累人脉，塑造个人品牌，拓展职业发展路径，放大个人人生价值，创造更持久、更健康、更丰盛的幸福人生。

在快速变化的经济环境中，不少职场人士都曾面临职业安全的挑战。

以我的创业营学员小欧为例，他曾是某知名互联网公司的高级管理者，享受着高职位、高薪水和行业的认可。然而，随着技术的迅速迭代和市场竞争的加剧，小欧逐渐意识到，虽然自己有着光鲜的外表，但这一切都与强大的公司平台有关，个人的职业发展不能完全依赖于公司平台的支持。

特别是，当行业遭遇寒冬，公司面临转型困境时，他看到身边不少曾经的"打工皇帝"离开公司后逐渐淡出公众视野，这让他开始深入思考自己的职业规划和未来发展方向。

转变思路，积累资源

为了应对可能到来的职业危机，小欧着手打造自己的个人品牌和资源网络。他利用业余时间学习新技能、参加行业研讨会、与同行建立深入联系。同时，他还积极拥抱社交媒体和自媒体平台，通过分享自己的专业见解和行业洞察，逐渐积累了一批忠实的粉丝和关注者。

创业之路，独立自主

在做好充分准备之后，小欧决定辞去高管职位，走上创业之路。他利用自己在互联网行业的人脉和资源，组建了一支充满活力和创新精神的团队。他们共同开发了一款针对中小企业市场的互联网营销工具，帮助这些企业提高品牌曝光度和销售业绩。

自媒体助力，塑造品牌

在创业过程中，小欧继续发挥自己在自媒体平台的影响力。他定期发布创业心得、行业分析等内容，吸引更多志同道合的人加入他们的团队。同时，他还通过自媒体平台与潜在客户进行互动沟通，了解他们的需求和痛点，从而不断优化产品和服务。

经过几年的努力，小欧的创业公司逐渐崭露头角。他们的产品受到了市场的广泛认可，客户数量不断增长。而小欧个人也因为在自媒体平台上的持续努力和积累，成了一位颇具影响力的行业大咖。

小欧的案例给我们带来了深刻的启示：在快速变化的经济环境中，职场人士必须时刻保持警惕性和前瞻性。除了依靠公司平台之外，我们还要积极打造自己的个人品牌和资源网络。

同时，建立自己的自媒体品牌也是增加职业保障和提高个人价值的有效途径。只有这样，我们才能在不确定的未来中保持竞争力并实现自己的人生价值。

步步为营——个人品牌战略规划与实践

在如今高度网络化的世界中，个人品牌已成为职场人士的重要资产。那么，如何构建和提升自己的个人品牌呢？

1. 明确个人定位

首先，我们需要明确自己的品牌定位。品牌定位不仅仅能代表你在某个行业或领域的角色，更是对你专业能力和价值观的准确传达。想要明确品牌定位，你可以回答以下几个问题：

- 你最擅长的专业领域是什么？
- 你希望别人如何看待你？
- 你的核心价值观是什么？

通过回答这些问题，你可以更清晰地了解自己的个人定位，并为后续的品牌建设提供方向。

2. 设定可实现的品牌目标

设定明确、具体的品牌目标是成功的关键。为了确保实现目标，你可以使用SMART原则来制定目标，即目标必须具体（Specific）、可衡量（Measurable）、可实现（Achievable）、有相关性（Relevant）和时限性（Time-bound）。

例如，你可以设定以下品牌目标：

- 在未来半年内，通过发布至少 12 篇专业文章，提高自己在行业内的知名度。
- 在接下来的一年内，吸引至少 5000 名粉丝关注自己的社交媒体账号，并与其中至少 20% 的粉丝建立互动关系。

3. 深入了解目标受众

了解你的目标受众是构建个人品牌的关键。你需要明确你的受众是谁，他们关心什么，以及他们如何获取信息和消费。借助市场调研、用户画像和数据分析等工具，你可以更深入地了解受众的需求和偏好。

一旦你了解了自己的受众，就可以通过创作符合他们需求的内容来吸引他们。例如，你可以分享与受众相关的行业趋势、实用技巧和案例研究等内容。

4. 内容为王：持续产出高质量内容

内容是个人品牌的核心。为了吸引和留住受众，你需要持续创作高质量、有价值的内容。要确保你的内容具有独特性、实用性和启发性，你需要分享你的专业知识和经验，提供解决问题的实用建议，并鼓励受众进行思考和讨论。同时，你也需要注意内容的更新频率和呈现方式，以收获受众的持续关注。

5. 社交媒体：扩大品牌曝光度的利器

社交媒体是进行个人品牌宣传的重要渠道。通过选择适合你的社交媒体平台（如微博、微信公众号、知乎、小红书、抖音、视频号等），定期发布内容，与粉丝互动，以及参与相关话题讨论，你可以提高个人的曝光度并增强与受众的联系。同时，你还需要注意维护良好的网络形象，避免不当言行对个人形象造成损害。

此外，与相关领域的专业人士进行合作和推广也是一种有效的策略。你可以通过参与讨论、分享资源或合作开展项目等方式与他们建立联系。

6. 合作与联盟：共同成长的捷径

寻找志同道合的合作伙伴进行个人品牌推广是一种有效的策略。你可以与同行业的专业人士、意见领袖或相关企业进行合作，共同举办活动、撰写专栏、制作短视频或进行直播、连麦等。这样，你不仅可以拓宽自己的影响力范围，还可以从合作伙伴身上学习到更多的经验和知识。

7. 案例分析：从成功案例中汲取灵感

通过分析成功的个人品牌案例，你可以汲取宝贵的经验和灵感。这些案例可以来自不同行业或领域，关键是你要提炼出他们成功的共同要素以及其中你可以借鉴的地方。这些都将有助于你更好地制定和执行自己的个人品牌战略规划。

总之，构建和提升个人品牌需要长期的努力和坚持。通过明确品牌定位、设定可实现的目标、深入了解目标受众、持续产出高质量内容、充分利用社交媒体以及寻求合作与联盟等，你将能够在网络化时代成功塑造出独具特色的个人品牌。

在熙熙攘攘的都市中，小慧，一个温文尔雅、笑容可掬的女性，用她的热忱和专业，在朋友圈里树立了一个独特的个人品牌，引领起健康饮食的潮流。而她的努力，也让她在短短一年内实现了月销百万，年入百万，成了远方好物平台上闪耀的明星会员。

小慧从小就对健康饮食有着极高的追求。一次偶然的机会，她接触到远方好物这一专注于有机食品的电商平台，被平台上严格溯源的高品质有机食品所吸引。她深感这是一个能够将健康饮食理念传递给更多人的绝佳机会。于是，她毫不犹豫地加入了远方好物，成了一名会员，一位深度消费者，一名有机生活理念的传播者。

在成为会员之初，小慧就明白，要想在竞争激烈的市场中立足，必须锤炼自己的专业能力。她不仅深入学习了有机食品的相关知识，还品尝了平台上的每一款产品，以确保自己能够向用户提供最准确、最专业的讲解和推荐。

同时，她也非常注重自己的形象塑造。在朋友圈中，她始终保持着积极向上的面貌，用自己的专业知识和热情服务感染每一个人。她的每一条朋友圈都充满了对生活的热爱和对健康饮食的追求，这让越来越多的人开始关注她、信任她。

小慧深知朋友圈的影响力，因此她精心策划和更新每一条内容，力求在传递健康饮食理念的同时，也能吸引大家的关注。

她善于运用生动的语言和精美的图片来展示产品的特点和优势。每当有新品上架时，她都会亲自拍摄拿样、收货以及测评视频，产出精美的产品图片，并配上详细的文字，介绍自己的使用感受，让大家对产品各个方面的知识一目了然。同时，她还会分享一些用户的食用感受和效果对比图，让更多的人直观地了解到产品的效果。

她经常带着孩子和家人前往有机产品的原产地，以消费者的视角去发掘产品背后的故事，了解每一种产品的研发以及生产过程，让大家看到每种产品品控都非常严格，所以大家感觉非常安全、放心。

她在溯源过程中拍摄的美景美照，也往往能激发起伙伴们的羡慕之情，原来在推广有机食品的过程中，还能够享受高质量的人生。

此外，小慧还非常注重与顾客的互动与情感链接。她经常在朋友圈中发起话题讨论，邀请大家分享自己的健康饮食心得和体验。

她还定期组织产品品鉴沙龙，邀请朋友一起品尝各种新品，解锁美食的各种做法并一起吃饭，赢得了周围朋友们的信任，成了朋友圈知名的美食达人。

这些互动不仅增强了小慧与用户之间的黏性，还让小慧更加了解用户的需求和反馈，从而能更好地为他们提供服务，与他们建立深厚的信任。

随着业务的不断发展，小慧意识到单凭一己之力难以应对日益增长的市场需求。于是，她开始积极寻找志同道合的伙伴，组建了一支高效、专业的有机生活推广团队。

在团队中，小慧充分发挥自己的领导力和影响力，带领团队成员共同成长。

她定期组织培训和分享会，提升团队的技能和专业素养。同时，她还鼓励团队成员之间互相学习和交流，共同提升私域运营技能，共同解决问题和面对挑战。

她经常带领团队一起参加会员大会和原产地溯源活动，在学习成长的同时，也帮助大家打造个人品牌。

在团队的共同努力下，小慧的业绩节节攀升，不仅实现了个人销售目标，还带领团队成员创造了可观的效益。她的成功也激励着更多的团队成员努力拼搏、追求卓越。

第八章
成功之道：超级个体的智慧与行动

成功可以有捷径——高效方法与策略的运用

当今时代，信息网络高度发达，这带来了两种可能。

一种是信息泛滥，分散了人的注意力，一个东西想要吸引眼球越来越难。而另一种是信息传播速度加快，有可能一夜之间打造出一个新网红，创造流量的"头部效应"。

成功可以有捷径，关键在于抓住特定人群的注意力。这个人群越大，就越有可能成功。

职场成功的逻辑，是在大公司获得快速晋升的机会。而大公司通常层级相对比较多，在大公司工作就像打怪升级，需要攀登职业阶梯。而人越是接近权力核心，就越容易获得更多资源和机会，也越容易获得晋升。因此，如果能接近权力核心，获得高层领导的注意，就有可能获得更快的晋升。

创业同样需要寻找一个有潜力的市场，去服务于特定人群，获取特定人群的关注，并在其心智中占有一席之地。比如在过去三十年间，在衣食住行这些基本的大众需求领域，都诞生过无数的明星企业。在大市场中，企业能获取更多人的关注，也就更有可能获得成功。海阔凭鱼跃，天高任鸟飞，大市场才能造就大企业。

投资方面也需要寻找类似的机会，所谓找对了风口，猪都能飞起来。风口就是大众注意力的焦点，拥有了注意力，就拥有了投资价值；失去了注意力，就失去了投资价值。比如比特币、AI、新能源等，因为获得了一众人等的追捧，都一度成为投资界网红；而邮票这样曾经极度吸引上一代人的注意力的投资品，随着时代的变迁，早已失去了往日的魅力。

注意力的背后代表着需求，而需求集聚，就带来了机会。未来三十年，工业化、城市化、信息化、老龄化以及全球化的发展将重塑中国，十亿城市人口将带来巨大的消费革命，中国将成为全球最大的消费市场，这也将为财富的增长创造无数的机会。如果我们能洞察趋势，先人一步，提前卡位，提前布局，抓住特定人群的注意力，创造头部效应，就有可能获取极大收益。

在如今这个信息爆炸的时代，人的注意力是稀缺资源。我的创业营学员李浩，是位富有远见和决心的创业者，成功抓住了现代都市人的"胃口"，打造了一个健康饮食的新标杆——"××健康饮食管家"。

洞察先机：捕捉现代人的健康焦虑

随着生活节奏加快，越来越多的人开始关注自己的饮食健康。李浩敏锐地捕捉到了这一趋势，并决定以此为契机，进军健康饮食市场。他深知，想要在这个信息泛滥的时代脱颖而出，就必须提供真正有价值的内容和服务。

巧借网络之力：打造"网红"品牌

李浩认为，单纯地提供健康饮食建议并不足以吸引人们的注意。于是，他巧妙地利用了社交媒体和短视频平台，通过聘请知名营养师、发布有趣且实用的饮食科普内容，迅速吸引了大量粉丝。一时间，"××健康饮食管家"成了网络上炙手可热的健康饮食品牌。

聚焦特定人群：精准定位，深度服务

为了确保品牌的长远发展，李浩决定聚焦特定人群——那些注重健康饮食的都市白领和健身爱好者。他带领团队深入研究这两个人群的饮食需求和习惯，推出了一系列针对性强的饮食计划和产品。这种精准定位的策略不仅提升了他们对品牌的忠诚度，还为"××健康饮食管家"带来了源源不断的客流。

整合资源：与大企业合作，共赢发展

为了进一步提升品牌的影响力，李浩积极寻求与大型食品供应商合作。通过与这些企业的紧密合作，"××健康饮食管家"不仅确保了食材的高品质，还成功地将品牌推向了更广阔的市场。这种资源整合的策略为品牌的发展注入了新的活力。

持续创新：不断满足市场需求

李浩明白，只有不断创新，才能在这个日新月异的市场中立于不败之地。因此，他带领团队不断探索新的产品和服务模式，以满足不同客户的需求。正是这种持续创新的精神，使得"××健康饮食管家"在激烈的市场竞争中脱颖而出，成了健康饮食领域的佼佼者。

"××健康饮食管家"的成功并非偶然。它得益于李浩敏锐的市场洞察力、巧妙的网络营销策略、精准的目标人群定位、强大的资源整合能力以及持续的创新精神。这个案例充分展示了在信息网络

时代，抓住特定人群的注意力，利用网络资源，是实现创业成功的智慧。

那么，如何才能抓住特定人群的注意力呢？

这需要我们以终为始，进行逆向思考、换位思考。这些特定人群之所以关注你，甚至掏腰包，拿钱投票，是因为你满足了他们的需求，解决了他们关心的问题，也就是通常说的满足了刚需和把握了痛点。

职场上最重要的客户是老板，个人晋升要靠老板提携。当然，这里所说的老板，首先是你的直接上级，但又不仅仅是你的直接上级。因为，虽然大多数时候你的直接上级促成了你的升迁，但有时候你的直接上级也许正是你成功的绊脚石。获得公司核心权力层的认可，无疑是你成功的捷径。这就需要研究你的"客户"的需求，特别是该类客户所关注的组织需求，尤其是刚需和痛点。比如，你做成了别人做不到的事情，或者新公司、新项目需要人手，别人不愿意去，你可以急组织之所急，接受新工作，或者是抓住外派机会，等等。新公司、新项目通常空缺职位多、机会多，员工往往能够获得快速晋升。如果你因为"特殊表现"，赢得了"组织"的关注，便有了被重用和提拔的机会。

创业也常常基于对特定市场机会的把握，而这个机会就是特定客户的特殊需求。或许是因为别人没有关注到这类需求，或许是因为客户的特殊需求没有得到有效满足，你便有了切入进去的机会，从而能够获得创业成功。老客户的新需求，或者由于科技、时代变迁而带来的新市场机会，往往是创业的热点。新机会才有新的可能，才有可能创造逆袭。

投资也是如此，新的风口也往往是投资的热点。新的风口，代表着新的需求、新的趋势，在这样的领域才有可能实现规模倍增、投资收益快速放大，才有可能获得超额回报。在这些领域，有新的需求点，有更大的成长空间和想象空间。领域成为新风口后，又能获得更多人群的关注，进一步扩大关注度，吸引更多资金加入，从而令已有投资获得更高回报。

捷径不是搞歪门邪道、坑蒙拐骗，更不是仅仅指包装、造势。把握并满足特定客户的需求，才是捷径背后的底层逻辑。满足特定客户需求的过程，也就是价值创造的过程。你为特定客户创造了价值，才能获得关注，进而才有可能成功。

都市的霓虹灯下，隐藏着无数忙碌的身影和疲惫的心灵。在这个喧嚣的都市中，小王开启了他的创业之旅：开设一家名为"解忧杂货店"的特色小店。

小王曾是一名普通的企业员工，每天重复的工作内容和渺茫的晋升希望让他感到厌倦。他意识到，如果继续这样下去，自己的职业生涯将一片黯淡。于是，他开始反思自己的兴趣和专长，寻找新的职业定位。

在深入研究市场后，小王发现都市人面临巨大的生活压力和心理负担。他们渴望有一个地方能够倾诉烦恼、寻求帮助。这一发现让小王看到了创业的机会，他决定开设一家专为都市人解忧的杂货店。

"解忧杂货店"的独特之处

"解忧杂货店"不仅售卖日常用品，更是一个为人们提供心理疏导和生活建议的平台。小王精心挑选了各种能够帮助人们缓解压力、提升生活品质的商品，如香薰、瑜伽垫、放松音乐等。

此外，他还特地聘请了经验丰富的心理咨询师，为客户提供专业的心理咨询和疏导服务。这些咨询师不仅具备专业的心理学背景，还都经历过严格的培训和考核，能够为客户提供高质量的服务。

为了让客户感受到更加个性化的关怀，小王还推出了定制服务。客户可以根据自己的需求和喜好，定制商品组合或心理咨询方案。这种个性化的服务方式让客户感受到了前所未有的关注和尊重。

口碑传播与品牌塑造

"解忧杂货店"的独特服务很快就赢得了客户的认可和好评。人们口口相传，纷纷推荐亲朋好友来店里体验。小王也趁机加强品牌宣传，通过社交媒体、线下活动等多种渠道提升店铺的知名度和影响力。

为了进一步增强客户黏性，小王还推出了会员制度和积分兑换活动。客户在店内消费可以积累积分，积分可以用来兑换商品或享受更多的优惠服务。这种策略不仅提高了客户的忠诚度，还为店铺带来了稳定的客源。

随着"解忧杂货店"的名气越来越大，小王开始考虑拓展业务。他计划在更多的区域开设分店，让更多的人能够享受到店铺的服务。同时，他还计划与更多的专业人士合作，引入更多元化的服务项目，如心理咨询讲座、瑜伽课程等。

未来，"解忧杂货店"将继续秉承"以人为本"的服务理念，不断创新和完善服务内容，为都市人打造一个真正的"解忧圣地"。而小王也将继续带领他的团队，为更多的人带去温暖和关怀，实现他的创业梦想。

在整个创业过程中，小王始终坚持以客户需求为导向，通过深入了解特定人群的痛点和需求，为他们提供有针对性的解决方案。正是这种以客户为中心的经营理念，使得"解忧杂货店"能够在竞争激烈的市场中脱颖而出，成为创业明星。

你以为的努力，可能是无效努力——精准努力的智慧

现在人们出门，可以不带钱包，可以不带钥匙，但一定不能不带手机。智能手机成了现代生活的必需品。

工作、生活、休闲，甚至吃饭、走路、蹲马桶，人们都在刷手机。手机让人们显得格外的忙，没有一点点空闲时间。

但这样的生活，这样的忙碌，是否有效率，是否有必要，我们可能并没有去思考。

手机提供了海量信息，也让我们应接不暇；手机能够即时沟通，也让我们忙于应对；手机有时候是我们的玩具，更多的时候可能是掌控我们的"神器"，我们反而成了手机的奴隶。

在现代这样一个"信息泛滥"的时代，我们尤其需要反思，每天的忙碌是不是真正的努力，有没有真正的意义？

刷朋友圈、微信群、抖音，甚至学习各种微课、网课，如果没有明确的目的，没有相应的规划，都不过是在消耗时间，是让"假装在努力"来麻痹自己！

无论工作、休闲、学习还是生活，都应该有清晰的规划，有阶段性的目标，设定好相应的衡量指标，规划好自己的时间，最终实现预期的成果。

弯弓射箭，得有靶子。没有目标、没有产出的努力，其实是无效努力。我们经常说"不忘初心"，就是要牢记目标，围绕目标去展开行动。

　　普通的光只能照明，而"聚焦"之后的光却能点燃纸张，甚至切割金属。聚焦于实现目标的行动，才能带来切实的结果与效益。

　　无论是手机，还是网络，都只是人类创造的工具，我们要让工具为我所用，而不能让自己被工具掌控。我们要让这些创新的工具服务于我们的目标，让日常的忙碌产生实际的价值。

　　郭文钦是一个生活在繁忙都市的青年，曾经手机就是他的生活中心。从早晨睁眼到晚上闭眼，他的目光和手指始终围绕着那小小的屏幕转动。社交媒体的点赞评论、新闻资讯的快速浏览、网络视频的连续观看……手机里的世界仿佛是一个无底的深渊，不断吞噬着他的时间和精力。

　　然而，随着时间的推移，郭文钦渐渐感受到了一种空虚和失落。他发现虽然自己每天忙碌于手机屏幕前，但这种忙碌并没有给他带来真正的成就感和满足感。他开始怀疑，自己是否是在被手机牵着鼻子走，失去了对生活的真正掌控。

　　一次偶然的机会，郭文钦参加了一个主题为时间管理和精准努力的讲座。这次讲座成了他生活的转折点。深受启发的郭文钦下定决心要改变自己的生活状态。他意识到自己需要摆脱对手机的过度依赖，重新审视并规划自己的人生目标。

　　郭文钦从减少手机使用时间着手改变。他刻意将手机放在视线以外的地方，避免无谓的滑动和浏览，取而代之的是从事更有意义的活动。早晨，他会选择阅读一本启发思维的书籍，或者在公园里晨跑，感受大自然的清新与宁静。晚上，他会尝试学习烹饪新菜肴，或者与家人朋友相聚，分享彼此的生活和心情。

随着手机使用时间的减少，郭文钦更加专注于自己的个人发展和成长。他报名参加了与工作相关的进修课程，提升自己的专业技能。他还加入了一个运动俱乐部，每周定期参加集体活动，不仅锻炼了身体，还结交到了一群志同道合的朋友。

除了工作和学习，郭文钦还培养了许多的兴趣爱好。他开始学习摄影，记录生活中的美好瞬间；他尝试绘画，用色彩表达自己的情感和想象；他甚至还开始学习音乐，享受在指尖流淌的旋律。

这些改变让郭文钦的生活变得更加丰富多彩。他不再是一个沉迷于手机的"低头族"，而是一个充满活力、追求多元发展的现代青年。他的心态也变得更加开放和积极，愿意尝试新事物，勇敢面对挑战。

与此同时，郭文钦的人际关系也得到了改善。他不再只是通过手机屏幕与人交流，而是更多地走出家门，与亲朋好友面对面相聚。这种真实的互动让他感受到了人与人之间的温暖和情感。

经过一段时间的努力和坚持，郭文钦发现自己的生活发生了翻天覆地的变化。他不再被手机束缚，而是真正成了生活的主人。他用自己的行动证明了精准努力的重要性，并且激励着身边的人也去寻找属于自己的生活目标和方向。

如今的郭文钦，已经不再是那个沉迷于手机的青年，而是一个充满自信和活力的"精准努力者"。他用自己的故事告诉我们：只有勇于改变，摆脱无效的忙碌，我们才能真正活出属于自己的精彩人生。

■ 把握人生的关键时刻——决策与行动的勇气与智慧

我们常说，个人发展要一步一个台阶。这个"台阶"就是人生每个阶段的关键时刻。

有的人，一辈子平平淡淡，没有起伏，也没有亮点。

有的人，人生起步时默默无闻，经过多年打拼，终于名震天下。这靠的是一步一个台阶，不断改变命运。

当然，"台阶"只是被用来形象地表述人生的关键时刻。人生的一步，也许是很多年。

多年的蛰伏，多年的积累，多年的打拼，方才能使量变成为质变，跨越人生的阶梯。

这个关键时刻就是人生产生质变的时刻，是一个标志。

从大处说，一些人能抓住时代的机会，一次次蜕变，成为一代伟人，比如古代的刘邦、朱元璋，当代的开国元勋等。从小处说，每个人都有自己人生的关键时刻，比如上学、就业、结婚、生子，等等。

学生时代，一次次的升学考试，都是十字路口，都是人生机会。抓住了，人生就会上一个台阶，不断升级，从乡村小学，到省城、京城，甚至海外。

踏入职场，还可以通过一次次的晋升，从职场小白，成长为白领、金领，甚至打工皇帝、打工皇后。

而有的人，通过婚姻改变命运；有的人母以子贵，沾孩子的光。当然，孩子有出息，也是父母辛苦培养的结果。

第八章　成功之道：超级个体的智慧与行动

不论怎样，一个人只要能够认清时代的风口，抓住政策变动、技术变革，乃至平常人生中不同阶段的每一个关键时刻，突破自我，不断地蜕变，就能不断地拓展生命的空间，创造不一样的人生价值。

人生短暂，来一场，就要活出自己的样子。即便我们不能青史留名，也要尽己所能，为这世界发光发热。

张婷，是一个普通的女孩，但她的人生却因为几个关键时刻的决策与行动而变得不凡。从小，张婷就是一个有梦想、有追求的女孩，她渴望通过自己的努力创造属于自己的价值。

张婷的第一个关键时刻出现在她大学毕业的时候。那时，周围的同学纷纷选择进入大公司或者考公务员，过上安稳的生活。然而，张婷却选择了创业这条路。她认为，年轻人就应该敢于冒险，敢于追求自己的梦想。于是，她拿出自己所有的积蓄，和几个志同道合的朋友一起创办了一家科技公司。

创业初期，张婷面临着巨大的挑战。资金紧张、市场竞争激烈、团队经验不足……每一个问题都像一座大山压在她的肩上。然而，张婷并没有退缩，她凭借自己的勇气和智慧，带领团队一步步走出了困境。她深入市场调研，了解客户需求，不断优化产品；她积极寻求合作，拓展业务渠道；她还注重团队建设，激发员工的积极性和创造力。

经过几年的打拼，张婷的公司逐渐在市场中崭露头角。公司的产品为越来越多客户的认可和喜爱，业绩也逐年攀升。就在这个时候，张婷迎来了人生的第二个关键时刻。

当时，市场上出现了一款与张婷公司产品相似的新产品，而且竞争对手在资金、技术和市场渠道上都占据了优势。张婷面临巨大的压力和挑战。她知道，如果自己不能在这个关键时刻作出正确的决策，公司很可能会陷入困境。

张婷并没有被困难击倒。她冷静地分析了市场形势和竞争对手的优劣势，然后作出了一个大胆的决定：带领团队进行全面的技术升级和产品创新。她坚信，只有通过不断地创新和提升，才能在市场竞争中立于不败之地。

于是，张婷带领团队投入了大量的时间和精力进行技术研发和产品创新。经过几个月的努力，他们终于推出了一款具有颠覆性意义的新产品。这款产品不仅解决了用户的痛点，在技术和设计上也领先于竞争对手，一上市就受到了市场的热烈欢迎、收获了众多好评。

凭借这款新产品的成功上市和销售，张婷的公司成功地打破了竞争对手的包围圈，并逐渐在市场上占据了主导地位。如今，张婷的公司已经成了一家业界知名的科技企业，她也成了一个备受尊敬和仰慕的创业领袖。

毅力与坚持——面对困难，决不放弃

在职场与创业的道路上，毅力与坚持是通往成功的金钥匙。无论是攀登职业阶梯的职场人，还是披荆斩棘的创业者，面对困难和挑战，只有绝不放弃，才能最终抵达胜利的彼岸。

在职场中，我们常常面临各种压力和挑战。工作任务繁重、竞争激烈、人际关系复杂等每一个难题都像一座山，挡在我们前进的路上。但正是这些难题，磨炼了我们的意志，提升了我们的能力。那些在职场中脱颖而出的人，往往都是凭借对工作的热爱和不懈的努力，一步一个脚印地走向成功的人。

我的前同事小王，刚入职时是一名普通的销售人员。初入职场的他，面临巨大的业绩压力。然而，他并没有因此而退缩。他坚持每天拜访客户，了解市场需求，不断提升自己的销售技巧。经过几个月的努力，他的业绩逐渐提升，最终成了公司的销售冠军。这就是毅力和坚持带来的力量。

同样，在创业的道路上，毅力与坚持更是不可或缺的。创业之路充满了未知和变数。市场变幻莫测，竞争对手层出不穷。但正是这些挑战，激发了创业者的斗志和创造力。那些成功的创业者，都是在经历了无数次的失败和挫折后，依然能够保持初心，坚持自己的梦想的人。

无论是就职还是创业，我们都需要设定明确的目标，并制订切实可行的计划。在遇到困难时，我们要勇于面对，积极寻找解决问题的方法。同时，我们还要学会调整心态，保持乐观和自信。只有这样，我们才能在职场与创业的道路上走得更稳、更远。

此外，我们还应该学会借助外部资源来提升自己的毅力和坚持能力。比如，我们可以参加各种培训和学习课程来提升自己的专业技能和心理素质；我们还可以结交志同道合的朋友和导师，与他们共同探讨解决问题的方案；我们还可以通过阅读和借鉴他人的成功经验来激发自己的斗志和创造力。

毅力与坚持是职场与创业中的不败法则。只要我们能够保持坚定的信念和持之以恒的努力，就一定能够战胜各种困难和挑战，实现自己的目标和梦想。

欧阳立，是一个普通的大学毕业生，刚步入职场时，在一家知名的互联网公司从事市场营销工作。尽管他满腔热血，但初入职场的他还是遭遇了不少挫折。由于工作压力大，竞争激烈，他常常为了一个项目熬夜加班，但是有时他还是会受到上司的批评。

然而，欧阳立并没有因此气馁。他深知自己作为一个新人，还有许多需要学习和提升的地方。于是，他利用业余时间参加各种关于市场营销的培训课程，积极向前辈请教，不断提升自己的专业能力。同时，他也注重与同事的沟通和协作，逐渐在团队中树立起了良好的口碑。

经过一年的努力，欧阳立的市场营销能力得到了显著提升。他成功地策划并执行了多个营销活动，为公司带来了显著的业绩增长。他的努力也得到了公司的认可，被提拔为市场营销部门的主管。

欧阳立并没有满足于此。他深知自己的能力不止于此。于是，他萌生了创业的想法。他希望通过自己的努力，打造一个全新的市场营销平台，帮助更多的企业实现业绩增长。

说干就干，欧阳立辞去了稳定的工作，开始了自己的创业之路。他租了一间办公室，组建起一个小而精的团队，开始了平台的研发和推广工作。然而，创业之路并非一帆风顺。资金紧张、人才流失、市场竞争激烈等问题接踵而至。

但欧阳立并没有放弃。他坚信自己的想法是有价值的，也坚信团队的能力是足够的。他带领团队不断攻克技术难关，优化产品功能，积极开拓市场。经过一段时间的努力，他的平台逐渐获得了市场的认可，用户数量不断增长。

如今，欧阳立的平台已经成了行业内知名的市场营销平台。他的创业故事也被越来越多的人知晓。回顾自己的职场和创业之路，欧阳立感慨万分。他说："是毅力和坚持让我走到了今天。无论遇到多大的困难，只要我们不放弃，就一定能够战胜它们。"

欧阳立的故事告诉我们，无论是就职还是创业，都需要我们有坚定的信念和持之以恒的努力。只有这样，我们才能够战胜各种困难和挑战，实现自己的梦想和目标。

不断反思与调整——确保你始终在正确的道路上

在人生的旅途中，我们不断追寻着个人的目标和理想。然而，这条道路往往充满曲折与未知，如何在变幻莫测的环境中保持正确的方向，成了我们不得不思考的问题。此时，不断反思与调整就显得尤为重要，它们是我们确保自己始终走在正确道路上的重要保障。

首先，我们要明确反思的重要性。反思，不仅是对过去的回顾，更是对未来的规划和指导。通过反思，我们可以清晰地看到自己过去的优点和不足，从而针对性地进行改进。这种对自我的深入剖析，能够帮助我们更好地认识自己，找到适合自己的发展道路。

在职场中，反思更是一种必不可少的习惯。我们每完成一个项目或经历一个阶段的工作，都应该花些时间进行自我反思。我们可以思考自己在工作中的表现如何，是否达到了预期，是否存在需要改进的地方。通过这种反思，我们可以不断积累经验，提高自己的工作效率。

仅仅反思是不够的，我们还要根据反思的结果进行调整。调整意味着改变，而改变往往需要勇气和决心。如果我们能够意识到自己的不足并愿意为之付出努力，那么这种改变就是值得的。

调整可以是对工作方法的改进，也可以是对个人职业规划的重新定位。只要我们能够保持灵活的心态，愿意尝试新的方法，就能够找到更加适合自己的发展道路。

在创业的过程中，不断反思与调整的重要性更加不言而喻。创业本身就是一个充满挑战和不确定性的过程，我们需要时刻关注市场的变化，不断调整自己的战略和计划。如果我们能够定期对自己的创业项目进行反思，了解市场的反馈和用户的需求，就能够及时调整自己的方向，确保自己在正确的道路上前进。

不断反思与调整并不意味着我们要频繁地改变方向。我们在明确自己的目标和价值观的基础上，根据市场和个人的实际情况进行的调整就应该是有针对性的、有计划的，而不是盲目的、随意的。只有这样，我们才能够确保自己始终在正确的道路上前进。

除了注重个人层面的反思与调整，我们还需要注重团队合作中的反思与调整。在团队中，每个人都有自己的长处和短处，只有每个人不断进行有针对性的调整，才能够实现团队的协作和共赢。

我们可以定期组织团队会议，共同回顾过去的工作成果和其中存在的问题，并共同商讨改进的措施和方案。通过这种团队合作中的反思与调整，我们可以提高团队的凝聚力和执行力，实现团队的目标。

不断反思与调整是我们始终前行在正确道路上的重要保障。无论是在职场还是在创业的过程中，我们都应该保持这种习惯，不断积累经验、调整方向、改进自我。只有这样，我们才能够在人生的旅途中不断前行、不断成长。

李翠雯，一个从小在城市长大的女性，曾在外企工作多年，但她始终对农业和食品安全抱有浓厚的兴趣。在一次乡村旅行中，她深刻感受到了传统农业的魅力和有机食品的市场潜力。于是，她决定辞去稳定的工作，投身于有机食品的创业之路。

在决定创业之前，李翠雯进行了大量的市场调研。她发现，随着人们生活水平的提高和健康意识的增强，越来越多的消费者开始关注食品安全和健康饮食。而有机食品，作为一种健康、环保、可持续的食品选择，正受到越来越多消费者的青睐。因此，她将自己的创业方向定位为高端有机食品的生产与销售。

创业初期，李翠雯面临诸多挑战。首先，资金紧张是一个大问题。为了节省成本，她亲自参与到农场的日常管理中，从选种、播种、施肥到收割，她都亲力亲为。然而，由于缺乏农业经验，她遇到了很多困难，如病虫害的防治、土壤的改良等。

其次，市场竞争激烈也是一个大问题。当时市场上已经有很多知名的有机食品品牌，他们拥有成熟的销售渠道和稳定的客户群体。而李翠雯的产品，虽然品质上乘，但由于品牌知名度不高，销售情况并不理想。

面对这些挑战，李翠雯开始进行深入的反思。她意识到自己在农业技术和管理方面的能力还有很大的提升空间。于是，她开始积极参加各种农业培训课程，向资深的有机农场主请教经验，并聘请了专业的农业顾问来指导农场的运营。

在反思之后，李翠雯开始进行一系列的策略调整。她加大了在社交媒体上的宣传力度，通过发布农场日记、有机种植知识等内容，吸引更多消费者的关注。同时，她还开设了线上商城，为消费者提供更加便捷的购买渠道。

其次，她开始注重产品的差异化和创新。除了常规的有机蔬菜外，她还推出了有机果汁、有机干果等深加工产品，丰富了产品线。此外，她还与当地的餐厅和超市合作，将产品打入更多的销售渠道。

李翠雯还非常重视客户的反馈和需求。她建立了完善的客户服务体系，定期收集和分析客户反馈的意见，以便及时调整产品策略和服务方式。例如，有客户反映部分有机蔬菜的口感不佳，她立即组织团队研究改进种植方法，提高产品的口感和品质。

经过一段时间的调整和努力，李翠雯的有机食品创业项目取得了显著的成绩。她的产品不仅在本地市场上获得了良好的口碑，还逐渐扩展到周边城市甚至全国市场，销售额持续增长，品牌影响力也逐渐扩大。

展望未来，李翠雯计划进一步扩大农场规模，增加有机产品的种类。同时，她还计划建立自己的冷链物流体系，确保产品的新鲜度和品质。此外，她还希望与更多的合作伙伴共同推广有机食品文化，让更多的人了解并爱上有机食品。而她和团队共同培育、不断复盘和优化的企业文化、动态的经营管理模式，也帮助她和她的企业在当下竞争激烈的市场环境中保持着灵活度和先进性。

通过以上这个案例，我们可以看到李翠雯在有机食品创业之路上的不断反思与调整的过程。正是通过持续的自我提升和创新精神，她成功地将自己的创业理念变成了现实，并为消费者带来了健康、安全的有机食品，也让自己的企业始终走在不断完善和发展的道路上。

第九章
创业智慧:轻松起步,稳健前行

创业新视角：超越盈利与增长，探索创业的多元价值

创业这个词汇往往让人联想到风险、挑战，当然还有潜在的巨大回报。但在这个快速变化的时代，我们需要从一个全新的视角来看待创业——它不仅仅是关于赚钱和扩张的旅程，更是关于创新、扩大影响力和个人成长的旅程。

1. 追寻激情与使命

创业是一次追寻激情和使命的冒险。当你决定投身于某个领域时，你不仅仅看到了商机，更被一种深层次的内在动力驱使。这种激情让你愿意投入无数个小时去研究、试错、改进，直至成功。你的创业项目不仅是你的生计来源，更是你实现个人价值和梦想的平台。

2. 创新与影响力的舞台

创业也是一次不断创新和扩大影响力的机会。作为创业者，你有机会引领行业潮流，推动社会进步。你的创新想法有可能改变人们的生活方式，甚至影响整个世界。想想那些伟大的企业家，他们的创新不仅带来了财富，更在某种程度上改变了人类历史的进程。

3. 个人成长与团队力量的熔炉

创业更是一次个人成长和团队建设的历程。在创业的道路上，你会遇到各种各样的挑战和困难。正是这些经历，让你变得更加坚韧、智慧和有远见。同时，你也有机会组建一个志同道合的团队，共同追求一个伟大的目标。在这个过程中，你将学会如何领导、如何协作，以及如何激发团队的最大潜能。

4. 盈利与增长：只是创业的一部分

当然，盈利和增长也是创业过程中不可忽视的一部分。但它们不应是创业的唯一目的，而应是实现更大愿景和目标的手段。当你将盈利和增长看作创业成功的一种体现，而不是最终的目标时，你会更加专注于创造价值、提升用户体验和推动社会进步。

在这个新的创业视角中，我们看到了创业的多元价值和无限可能性。它不仅仅是一次赚钱的机会，更是一次关于激情、创新、影响力、个人成长和团队建设的综合体验。当你从这个角度来看待创业时，你会发现这个旅程充满了挑战和乐趣，也让你有机会去实现那些看似遥不可及的梦想。

江华，一个来自乡村的年轻人，从小就对农业有着浓厚的兴趣。随着健康饮食和环保理念的兴起，他看到了有机食品市场的巨大潜力。于是，他决定放弃城市的白领工作，回到家乡创办一家专注于有机食品生产和销售的企业——"LY有机农场"。

江华的初心是为消费者提供健康、安全的有机食品。他深知化肥和农药对环境和人体的危害，因此立志要通过自己的农场，让人们吃上放心、有机的食物。他的使命是推动有机农业的发展，为环境保护和人类健康作出贡献。

创新与特色

"LY有机农场"不仅种植各种有机蔬菜，还养殖了有机鸡、猪等家禽家畜，形成了完整的有机生态链。江华注重科技投入，引进了先进的有机种植技术，确保了产品的品质和产量。他还与当地的农户合作，推广有机种植技术，帮助他们转型为有机农业，从而扩大了有机食品的生产规模。

此外，江华还创新了销售模式，通过线上线下相结合的方式，将"LY有机农场"的产品销往全国各地。他在电商平台开设了店铺，并通过社交媒体进行宣传推广，吸引了大量的消费者。

团队建设与成长

江华非常重视团队建设，他聘请了一批有志于发展有机农业的年轻人，共同致力于农场的发展。团队成员们积极参与各种培训和学习，不断提升自己的专业技能和知识水平。在江华的带领下，"LY有机农场"逐渐发展成了一个具有影响力的有机食品品牌。

"LY有机农场"的成功不仅为江华带来了经济收益，还产生了积极的社会影响。它推动了当地农业的转型升级，提高了农民的收入水平。它也为消费者提供了健康、安全的有机食品，满足了人们对美好生活的追求。而它所宣扬的环保和可持续发展的理念，也增强了公众的环保意识。

江华的"LY有机农场"是一个典型的有机食品创业案例。它不仅实现了创业者的个人追求和梦想，还为社会带来了积极的影响。这个案例展示了创业新视角的多元价值和可能性，即创业不仅仅是为了盈利和增长，更是为了实现个人价值及推动社会进步等。

精准定位：找到你的市场与竞争优势

在创业过程中，精准定位是至关重要的一个环节。这不仅仅是一个战略选择，更是决定创业成败的关键因素。精准定位有助于创业者清晰地了解自己的业务在市场中的位置，以及如何在激烈的市场竞争中脱颖而出。缺乏精准定位的企业往往难以抓住目标客户群体的注意力，容易在茫茫商海中迷失方向。通过精准定位，创业者能够更高效地配置资源，专注于提升自己在特定领域的竞争力，从而增加成功的可能性。

1. 深入了解目标市场的需求

市场调研：进行市场调研是了解目标市场需求的第一步。这包括收集和分析潜在客户的反馈、消费习惯、购买偏好等数据，以便更准确地把握市场动态。

明确目标客户：不是所有人都会成为你的客户。因此，明确你的目标客户群体至关重要。你可以通过人口统计特征（如年龄、性别、收入等）或心理特征（如价值观、生活方式等）来细分你的目标客户。

需求洞察：你需要深入了解目标客户的具体需求和痛点，即他们愿意为什么样的产品或服务买单。这有助于你开发出更符合市场需求的产品或服务。

2. 明确产品或服务的独特性

差异化优势：你需要分析你的产品或服务在市场上的差异化优势。它是产品或服务在创新、成本优势、品牌形象、客户体验等方面的独特性。这些优势有助于你更好地将信息传达给潜在客户，并吸引他们选择你的产品或服务。

价值主张：你需要基于你的差异化优势，提炼出清晰的价值主张。价值主张是你对客户的承诺，即你的产品或服务能够为他们解决什么问题或带来什么好处。一个强有力的价值主张能够吸引并留住客户。

3. 分析竞争对手

主要竞争对手识别：你需要识别出与你业务直接相关的竞争对手，了解他们的产品、服务、定价策略以及市场份额等信息。

竞争策略分析：你需要深入研究竞争对手的营销策略、客户获取方式以及他们的优势和劣势。这有助于你找到突破口，制定出更有效的竞争策略。

市场趋势预测：你需要关注市场动态和竞争对手的发展动向，以便及时调整自己的业务策略。

4. 认清自己的长处和短处

内部资源评估：你需要评估你的团队、技术、资金等资源情况，明确你在哪些方面具有优势，在哪些方面需要改进。

核心能力建设：你需要基于你的内部资源评估结果，加强核心能力的建设。这包括提升产品创新能力、优化客户服务流程、提高运营效率等。

持续改进： 你需要定期回顾你的业务表现和市场反馈，及时调整策略并持续改进。在创业过程中，灵活性和适应性是非常重要的。

在繁忙的都市生活中，人们越来越重视身体健康和养生。小裴，一个对健身和健康饮食有着浓厚兴趣的年轻人，看到了这一市场趋势，并决定投身于健康养生行业。他创立了"悦动健康中心"，旨在为人们提供一个全方位的健康管理平台。

小裴在大学期间就热衷于健身，他不仅自己练出了一身健硕的肌肉，还经常帮助身边的朋友制订健身计划，改善他们的饮食习惯。毕业后，他决定将自己的兴趣转化为事业，开设了"悦动健康中心"。

然而，创业的道路并不平坦。在初创阶段，小裴面临着多方面的挑战，包括资金紧张、市场竞争激烈、客户获取难度大等。但他坚信，只要自己的服务专业、贴心，就一定能够赢得客户的信任和支持。

精准定位与市场分析

为了在众多健康养生机构中脱颖而出，小裴进行了深入的市场调研和精准定位。他发现，许多都市白领由于工作压力大、生活节奏快，往往忽视了身体的健康。这部分人群急需一个便捷、高效的健康管理平台来帮助他们改善身体健康状况。

于是，小裴将"悦动健康中心"定位为专为都市白领提供定制化健康管理服务的机构。他聘请了一批专业的健身教练和营养师，为客户提供个性化的健身计划和饮食建议。

产品与服务的独特性

"悦动健康中心"不仅提供传统的健身课程，还引入了先进的健康检测设备，如人体成分分析仪等，为客户进行全面的身体检查。此外，中心还开设了健康讲座和研讨会，邀请行业专家为客户普及健康知识。

更值得一提的是，"悦动健康中心"推出了"健康打卡"活动，鼓励客户坚持健身和健康饮食。客户可以通过手机 App 记录自己的健身和饮食情况，并获得积分奖励。这种互动性和趣味性的结合，极大地提高了客户的参与度和黏性。

竞争对手分析

在竞争激烈的市场中，小裴密切关注竞争对手的动态。他发现，虽然市场上已经存在不少健康养生机构，但很少有机构能够提供如此全面和个性化的服务。通过不断优化自己的服务内容和质量，"悦动健康中心"逐渐在市场上树立起了良好的口碑。

自身优势与持续改进

小裴深知，要想在市场中立于不败之地，就必须不断学习和改进。因此，他定期组织员工培训，提升团队的专业素养和服务水平。同时，他还积极收集客户反馈，不断优化服务流程和内容。

随着业务的不断拓展，"悦动健康中心"逐渐成为都市白领心目中的健康管理专家。小裴也坚信，只要始终坚持以客户为中心，不断创新和改进，就一定能够在健康养生行业中走出一条属于自己的成功之路。

■ 创新驱动：用创意点燃你的企业

我是一名创业导师，如果你问我，如何在创业过程中融入创新元素，并使其成为企业发展的核心动力，我会尽量用简单直接的语言，为你提供一些切实可行的建议，帮助你点燃企业的创新之火。

首先，我们得明白创新不仅仅是一个口号，它需要落实在企业的每一个角落。在创业初期，你就需要关注你所在行业的发展趋势和新兴技术。这些新技术、新理念很可能会成为你企业的下一个增长点。比如，如果你的企业是做餐饮的，那么你可以考虑引入无人配送、智能点餐等技术，来提升你的服务效率和客户体验。

其次，员工的创新精神和创造力是企业最宝贵的资源。你可能不是技术专家，但你可以成为创新文化的推动者。你可以设立一个创新奖励机制，小到想出一个改善工作流程的点子，大到开发出一个全新的产品或服务，都应该得到应有的奖励。这样，员工们就会更加愿意贡献他们的智慧和创造力。

那么，如何设立这样一个奖励机制呢？其实它并不需要很复杂。你可以设定一些明确的奖励标准，比如按照创新成果的市场价值、实施难度等因素来评定奖励等级。然后，定期组织员工参与创新培训和分享会，让员工了解最新的行业趋势和技术发展，同时也为他们提供一个展示自己创意的平台。

除了奖励机制，你还可以考虑设立一个创新基金。这个基金可以用来支持员工的创新项目，提供资金和资源上的帮助。这样，即使员工的创新项目初期需要一些投入，他们也不用担心资金问题，可以更加专注于创新本身。

当然，创新并不意味着盲目地追求新技术或新理念。在引入新技术或新理念之前，你需要仔细考虑它们是否真正符合你企业的发展战略和市场需求。同时，你还需要建立一套有效的风险管理机制，来应对创新过程中可能出现的各种风险。

最后，我想说的是，创新需要一种开放、包容的文化氛围。作为创业者，你需要营造一个让员工敢于尝试、敢于失败的环境。只有这样，员工们才会更加愿意发挥他们的创新精神和创造力，为企业的发展贡献自己的力量。

在一个繁华的都市风景区入口，有一家名叫"云端咖啡"的小店。它的老板小李，原本只是一个平凡的咖啡爱好者，但如今，他已经凭借对创新的执着和勇气，将这家店打造成了城市中的一颗璀璨新星。

小李的创业之路并非一帆风顺。刚开始，他只是在一家咖啡馆做兼职，对咖啡的制作和品味有着浓厚的兴趣。然而，随着时间的推移，他渐渐发现，尽管咖啡馆的环境和咖啡的品质都很不错，但客户群体却相对固定，难以有大的突破。

一次偶然的机会，小李接触到了新兴的云计算技术。他发现，云计算不仅能够为企业带来巨大的便利和效率提升，还能为传统行业带来全新的商业模式和体验。于是，小李脑海中冒出了一个大胆的想法：如果将云计算与咖啡结合起来，会不会创造出一种全新的服务模式？

经过深思熟虑和反复研究，小李决定辞去咖啡馆的工作，开始自己的创业之路。他租下了一间位于外滩旁的小店面，取名"云端咖啡"。店内的装修风格简洁而不失时尚，墙壁上挂满了各种咖啡文化和云计算知识的海报，营造出一种浓厚的创新氛围。

在经营方面，小李引入了云计算技术，实现了智能化管理和服务。客户可以通过手机App预约座位、点单和支付，无需排队等待，大大提升了客户体验。同时，他还利用大数据分析客户需求和喜好，不断推出符合市场需求的咖啡新品和促销活动。

为了鼓励员工的创新精神和创造力，小李设立了一个"云端创新基金"。员工们可以提交自己的创新方案或建议，一旦被采纳并成功实施，就能获得相应的奖金和荣誉证书。这种机制极大地激发了员工的创新热情，店内不断涌现出各种新奇的创意和服务方式。员工们积极贡献的创新点子列举如下：

智能点单系统的优化：有员工提出，可以通过增加语音识别和智能推荐功能来优化手机App的点单系统。客户可以通过语音输入快速下单，系统还能根据客户的点单历史和偏好推荐合适的咖啡和餐点。这一创新点子提高了点单的便捷性和准确性，进一步提升了客户体验。

互动式咖啡制作体验：另一位员工建议，在店内设置一个透明的咖啡制作区域，让客户可以亲眼看到咖啡的制作过程，并有机会在咖啡师的指导下亲手尝试制作咖啡。这种互动式的咖啡制作体验不仅增加了客户的参与度，还提升了客户对咖啡文化的了解和兴趣。

环保材料的使用：有员工关注到环保问题，提议将店内的部分一次性用品替换为可降解或可循环使用的环保材料。例如，使用可降解的纸杯和餐具，以及推广针对客户自带咖啡杯的优惠政策。这一举措不仅减少了环境污染，还树立了"云端咖啡"的绿色环保形象。

线上咖啡课程与社区建设：一名员工提出开设线上咖啡课程，并通过社交媒体建立一个咖啡爱好者的社区。在这个社区里，客户可以分享自己的咖啡制作心得、交流咖啡品种的选择等。这一创新点子不仅增加了客户与品牌的互动，还为客户提供了一个交流学习的平台。

节日主题活动和限定咖啡：为了增加节日氛围和吸引力，有员工建议根据不同的节日推出主题活动和限定咖啡。例如，在圣诞节期间推出圣诞主题的装饰和特制咖啡，在情人节推出情侣套餐和心形咖啡拉花等。这些活动不仅提升了店内的节日氛围，还吸引了更多客户前来体验。

这些被采纳的创新点子都是员工们积极参与和贡献的结果，它们为"云端咖啡"带来了更多的客户和好评，也进一步巩固了品牌在市场中的地位。

随着时间的推移，"云端咖啡"逐渐在市场上崭露头角。它不仅成了咖啡爱好者的聚集地，还吸引了大量对科技和创新感兴趣的人群。许多人因为这里的独特体验而成了忠实的粉丝和回头客。

在这个过程中，小李也深刻体会到了创新对于企业的重要性。他明白，只有不断追求创新、敢于尝试和突破常规，才能在激烈的市场竞争中立于不败之地。而"云端咖啡"的成功，正是这一道理的最好证明。

外借资源：顾问与教练让你赢在起跑线上

创业，对于很多人来说，是一次全新的尝试，也是一次对未知领域的探索。在这个过程中，我们可能会遇到各种各样的问题，比如怎样进行市场分析，如何制定竞争策略，或者是怎样招聘到合适的人才，等等。

因此，我们需要顾问和教练这样的得力助手。他们就像我们创业路上的导航仪，能够指引我们走向正确的方向。

说到顾问和教练，他们的工作可不仅仅是提供建议那么简单。他们通常是各自领域内的专家，有着丰富的实战经验和深厚的专业知识。他们可以帮助我们分析市场趋势，找出潜在的商业机会，还可以帮助我们制定切实可行的竞争策略。更重要的是，他们可以帮助我们建立起一支高效的团队，让我们的企业更加具有战斗力。

当然，选择好的顾问和教练并不是一件容易的事情。我们需要找到那些真正懂行的人，那些有过相似创业经历并且取得过成功的人。他们的经验和教训，对于我们来说，都是宝贵的财富。

找到合适的顾问和教练之后，我们还需要与他们建立起深厚的信任关系。我们要相信他们的专业素养，接受他们的建议和指导。只有这样，我们才能够真正地吸收他们的智慧，让自己的创业之路走得更加顺畅。

我有以下这些建议，可以帮你找到心仪的顾问：

（1）**明确需求**：你需要明确自己需要哪方面的专业指导，是市场营销、财务管理、法律咨询，还是其他领域？明确需求后，你就可以有针对性地寻找相关领域的专家。

（2）**利用专业网络**：你可以加入与你的业务或行业相关的社交网络和组织。这些网络中的成员可能就是你需要的顾问，或者他们可以为你推荐合适的人选。

（3）**参考他人推荐**：你也可以向你的商业伙伴、朋友或同事寻求推荐。他们可能有过与优秀顾问合作的经历，并愿意与你分享这些信息。

（4）**查阅行业网站和自媒体**：你还可以关注行业内的网站、微信公众号、微博或其他自媒体，了解哪些专家在你需要的特定领域有深入见解。这些专家可能就是潜在的优秀顾问。

（5）**使用专业平台**：有些在线平台可以提供顾问搜索服务，你可以在这些平台上根据专业领域、地理位置和其他标准来查找顾问。

（6）**面试和评估**：在与潜在顾问会面时，你可以准备一系列问题来评估他们的专业能力、经验和与你的业务需求的匹配度。同时，你也要考虑你们之间的沟通是否顺畅，以及他们是否能理解你的业务目标和挑战。

（7）**检查资质和参考案例**：在决定聘用之前，你还需要核实顾问的资质和背景，询问他们过去的成功案例和客户反馈，以评估其工作质量和效果。

（8）**明确合作条款**：在正式合作之前，你需要确保与顾问就工作范围、费用、时间表等达成明确协议。这有助于保护双方的权益，确保合作顺利进行。

找到好的顾问需要时间和努力。不要急于作出决定，而是要进行充分的调查和评估，以确保你找到的顾问能够满足你的具体需求并帮助你实现业务目标。

王琳，我的一位非常出色的学员，对健康产业持有浓厚的兴趣和深厚的情怀。她观察到，在现代高压的生活下，人们对于个性化、全方位的健康管理需求日益增强。基于这一观察，她决定成立一家健康管理服务公司，专注于为都市白领提供定制化的健康咨询与管理服务。

超级个体，超限人生

创业初期，王琳面临多重挑战。尽管她有丰富的健康管理知识，但对于市场的具体运作、客户需求的分析以及团队的搭建与管理都相对陌生。

在市场分析方面，她原本是基于自己的经验和直觉来判断，但在我的指导下，我们进行了为期一个月的市场深研。这期间，我们设计了详细的问卷，针对目标客群——都市白领进行了大范围的调查。结果显示，大部分白领对于自己的健康状况表示担忧，并希望得到专业的指导。同时我们也了解到，他们对于线上健康咨询与管理服务的需求日益增加。

有了这些数据支持，王琳更加明确了公司的服务方向，并决定开发一款线上健康管理App，结合线下的健康讲座与活动，形成O2O的服务模式。

在竞争策略上，我建议王琳不要仅仅停留在健康咨询这一层面，而是要结合技术，如大数据分析、AI健康建议等，为客户提供更加精准、个性化的服务。此外，为了增加用户黏性，我们还策划了一系列的健康挑战赛，鼓励用户连续打卡、分享自己的健康进展，从而形成社群效应。

而在团队搭建方面，王琳初期遇到了不少困难。她面试了多位候选人，但总是找不到合适的人选。为此，我帮助她梳理了岗位需求与职责，并一同参与了部分关键岗位的面试。同时，我还为她提供了一系列的团队管理与激励培训，帮助她更好地带领团队。这里我以团队建设举例，详细说明我是如何辅导王琳的。

在团队搭建方面，王琳遇到了以下方面的困难：

人才筛选：由于健康行业具有一定的专业性，找到既具备相关专业知识，又有实战经验的人才并不容易。王琳需要在大量的应聘者中筛选出真正适合团队发展的人才，这一过程需要耗费大量时间和精力。

岗位匹配：在初创阶段，王琳对于每个岗位的具体职责和要求并不是特别清楚，这导致在招聘过程中，她难以准确评估候选人是否适合特定的岗位。岗位与人才之间的不匹配会影响团队的整体效率和氛围。

团队文化建设：随着团队的扩大，如何形成统一的团队文化，让成员之间能够相互协作、共同进步，成为王琳面临的新挑战。团队文化的建设对于提高团队凝聚力和执行力至关重要。

培训与提升：新成员加入后，如何进行有效的培训，使他们能够快速融入团队并发挥出自己的优势，也是王琳需要考虑的问题。同时，随着公司的发展，持续提升团队成员的专业技能和素养，以满足不断变化的市场需求，也是一个长期的任务。

在我的指导下，王琳采取了以下措施来解决团队搭建过程中遇到的困难。

明确人才筛选标准：

- 首先，我帮助王琳明确了每个岗位的具体职责和要求，制定了一份详细的岗位描述和任职要求清单。
- 接着，我们通过设定关键词、技能测试和行为面试等方法，更有针对性地筛选简历和面试候选人。例如，对于技术岗位，注重候选人的专业技能和项目经验；对于销售和市场岗位，看重候选人的沟通能力和市场敏感度。

优化岗位匹配：

- 在我的建议下，王琳对团队成员进行了性格测试和职业倾向测试，以便更好地了解他们的优势和特点。

- 根据测试结果，王琳对团队成员进行了合理的岗位调整，确保每个人的能力能得到充分发挥。

加强团队文化建设：
- 我鼓励王琳定期组织团队建设活动，如户外拓展、员工生日会等，以增强团队成员之间的交流和合作。
- 同时，我还指导王琳制定了一套团队行为规范和价值观，明确团队的目标和愿景，从而形成统一的团队文化。

完善培训与提升机制：
- 在我的指导下，王琳设立了定期的内部培训计划，包括专业技能培训、管理培训等，以提升团队成员的专业素养和管理能力。
- 我还推荐了一些外部培训资源和在线课程，供团队成员根据自己的需求选择和学习。

通过我的指导和帮助，王琳在团队搭建方面遇到的困难得到了有效的解决。这些措施不仅提升了团队的整体素质和战斗力，也为公司的长期发展奠定了坚实的基础。

经过几个月的努力，王琳的公司逐渐在市场上获得了良好的口碑。王琳也从一个健康行业的热爱者，逐渐成长为一个具备战略思维、懂得市场运作的企业家。更重要的是，她与团队之间建立了深厚的信任关系，大家都在为同一个目标努力。

上面这个案例充分展示了，创业顾问能够为创业者提供市场分析、竞争策略、团队搭建等方面全面、细致的指导，确保创业项目稳步前进，并最终取得成功。

团队建设：打造一支同心协力的队伍

在创业的道路上，你将面对无数的挑战和机遇。但也请记住，无论你遇到什么样的困难，一支同心协力的团队都是你最坚实的后盾。作为创业导师，我想与你分享如何打造这样一支队伍。

1. 明确团队使命和目标

每个团队都需要一个目标和使命，这是团队的动力和灵魂所在。你需要让每一位团队成员都清楚地了解团队的使命和目标，这样他们才能更好地融入团队，为实现共同的目标而努力。

你可以组织一次团队会议，让每位成员都参与讨论，共同制定团队的使命和目标。记住，这个目标必须是具体的、可衡量的，并且能够激励大家为之奋斗。

2. 明确职责和角色

一个高效的团队需要每个成员明确自己的职责和角色。作为领导者，你需要帮助团队成员理解他们在团队中的定位，以及他们需要承担的责任。

你可以为每个岗位制定详细的职责描述，并在团队内部进行明确的分工。同时，你还需要鼓励团队成员相互沟通和协作，确保工作能够顺利进行。

3. 注重团队文化建设

团队文化是一个团队的精神支柱，它决定了团队的工作氛围，也是成员的行为准则。你需要注重团队文化的建设，营造一个积极向上、互相支持的团队工作氛围。

你可以组织一些团队活动，如户外拓展、聚餐、庆祝活动等，以增强团队的凝聚力。同时，你也可以鼓励团队成员之间互相学习、互相帮助，形成一个共同成长的学习型团队。

4. 关注团队成员成长

团队成员的成长是团队发展的关键因素。你需要关注他们的成长和发展，为他们提供培训和晋升机会，激发他们的工作热情和创造力。

你可以制订一个培训计划，为团队成员提供必要的技能和知识培训。同时，你也可以鼓励他们参加各种行业会议和研讨会，拓宽视野和知识面。对于表现优秀的员工，你还可以给予晋升机会和丰厚的奖励，以激励他们继续努力。

5. 加强团队沟通和协作

团队沟通和协作是团队工作的重要环节。你需要加强团队成员之间的沟通和协作，确保工作能够顺利进行。

你可以定期组织团队会议，让每位成员分享自己的工作进展和遇到的问题，同时，鼓励团队成员之间进行开放、坦诚的沟通，共同解决问题。为了达到这个目的，你可以采用一些有效的协作工具和方法，如项目管理软件、敏捷开发等，提高团队的工作效率。

6. 设立员工激励机制

员工激励机制是团队工作的重要推动力。你需要设立一个合理的员工激励机制，以激发员工的工作积极性和满意度。

你可以制定一些明确的奖励措施，如评选优秀员工奖、创新奖等，以表彰那些在工作中表现出色的员工。同时，你可以关注员工的个人发展和职业规划，为他们提供个性化的支持和帮助。

打造一支同心协力的队伍需要时间和努力。但只要能够坚持不懈地去做，你一定能拥有一支高效、团结、奋进的团队，其中的成员将与你一起为你的创业事业而奋斗！

李华是一家刚创办不到五年的有机食品公司的创始人。虽然公司成立时间不长，但在当地已经小有名气、有口皆碑。这不仅仅是因为它提供的有机食品质量上乘，更是因为它背后有一支充满激情和活力的团队。

李华在一次团队会议上深情地阐述了公司的使命："我们的目标是让每一个家庭都能享受到纯净、健康的有机食品。我们不仅仅是在销售产品，更是在传递一种健康、可持续的生活方式。"这番话深深打动了在场的每一位团队成员，他们眼中闪烁着对未来充满期待的光芒。

为了将这个使命更好地传递给消费者，市场部门深入调研，了解消费者的真实需求和痛点；采购部门则走遍全国各地的有机农场，只为寻找最优质、最天然的食材；销售团队则通过各种渠道，将公司的产品推向更广阔的市场。

各尽其职，协同作战

在这个团队中，每个成员都扮演着不可或缺的角色。他们像精密的齿轮一样，紧密配合，共同推动着公司稳步前行。无论是市场部门的洞察，采购部门的严谨，还是销售团队的热情，都体现了他们对这份事业的热爱和执着。

独树一帜的团队文化

为了让团队成员之间更加默契，李华特意组织了一次别开生面的团建活动——户外徒步接力赛。在一个阳光明媚的周末，大家齐聚在风景秀丽的郊外，分组进行徒步接力赛。路线上充斥了各种障碍和挑战，需要团队成员携手共进，克服重重困难。

比赛中，大家互相鼓励、互相帮助，共同面对每一个挑战。当有人摔倒时，立刻有人伸出援手；当有人体力不支时，团队成员会共同分担他的负重。这次活动不仅锻炼了大家的体魄和意志力，更让团队成员相互建立起了深厚的友谊和信任。从此以后，公司团队成员更加团结一心，无论遇到什么困难都能携手共度。

投资于人，共同成长

李华深知，一个企业的核心竞争力在于其人才。他非常重视团队成员的成长和发展。他鼓励员工参加各种培训课程和研讨会，提升自己的专业技能和知识水平。同时，他还为员工提供广阔的晋升空间和发展机会，让他们在工作中实现自己的价值。

沟通无障碍，效率倍增

在李华的公司，沟通无障碍被深刻地理解和落实。李华经常强调："良好的沟通是我们团队协同工作的基石。"为了确保信息的畅通无阻，他们采用了多种沟通方式，如定期举办团队会议、统一即时通信工具。

公司一个关于沟通的故事就发生在某个周五。当时，市场部的小张发现了一个新的有机食品供应商，他立即通过公司的即时通信工具与采购部的小李取得了联系。小李迅速回应，并在详细了解了供应商的情况后，与小张一起制定了一个初步的合作方案。然后，他们通过视频会议的方式，与李华和其他相关部门进行了讨论。由于沟通及时且有效，这个新的供应商在短短几天内就被成功引入，并开始为公司提供优质的有机产品。

这个故事不仅展示了公司团队高效的沟通能力，还体现了他们是如何在短时间内作出决策并付诸实践的。正是这种无障碍的沟通方式，使得团队能够在面对市场变化时迅速做出反应，从而保持竞争优势。

激励与认可，共创辉煌

李华非常重视对团队成员的激励和认可。李华深知，适时的鼓励和嘉奖能够极大地提升团队的士气和凝聚力。因此，他设立了一系列奖励机制，旨在全方位、多角度地表彰在工作中作出突出贡献的员工。

- 月度优秀员工奖：每月，各部门都会对员工的工作表现、团队协作精神、创新能力等进行综合评估，选出当月的优秀员工。获奖者不仅会得到一笔奖金，还会在公司内部得到广泛宣传，以激励其他员工。
- 创新提案奖：为了鼓励员工积极创新，李华特别设立了创新提案奖。员工可以针对工作流程、产品改进、市场拓展等提出自己的创新想法。一旦提案被采纳并实施成功，员工将获得丰厚的奖金和荣誉证书。
- 年度最佳团队奖：每年年底，公司都会评选出年度最佳团队。这个奖项不仅考查团队的业绩，还看重团队成员之间的协作精神、团队对公司文化的践行程度以及对公司整体发展的贡献。获奖团队将获得公司提供的团队旅游机会和丰厚的年终奖金。
- 员工成长计划：除了物质奖励，李华还非常关注员工的个人成长。公司为员工提供个性化的成长计划，包括专业技能培训、领导力发展计划等。这些计划旨在帮助员工提升自身能力，实现个人职业发展。
- 公司股份激励计划：对于长期为公司作出贡献的优秀员工，李华还设立了股份激励计划。员工可以通过努力工作和优异的表现来获得公司股份，从而与公司共享成长的红利。这不仅增强了员工的归属感，也激发了他们为公司创造更大价值的动力。

在团队成员的共同努力下，李华的企业逐渐在市场上崭露头角，赢得了越来越多消费者的认可和喜爱。他们用实际行动诠释了什么是真正的团队精神，即同心协力、共创辉煌！

持续发展：为企业的未来铺设坚实基础

对于创业者来说，实现企业的持续发展可能是一个既具挑战又充满机遇的过程。为了确保初创企业长久稳健，我们需要为企业的持续发展铺设坚实的基石。

1. 从开始就注重品牌的塑造

品牌建设是企业持续发展的基石。尽管企业的资金和资源是有限的，但通过提供独特、优质的服务或产品，并在社交媒体等平台上积极与客户互动，也可以逐渐建立起品牌的声誉。记住，每一个满意的客户都是你的品牌传播者。

2. 轻资产运营

在初创企业的经营策略中，"轻资产"运营模式显得尤为重要。传统重资产模式带来的资金压力和运营风险，对新兴企业来说可能是难以承受的。因此，"轻资产"策略——比如依靠共享经济来减少初期的资本投入，或者将非核心业务外包以集中精力发展核心优势——被越来越多创业者青睐。这种模式的优点在于能够显著降低企业的固定成本，使得企业在面临市场变化时能够更灵活地调整经营策略。当行业趋势发生转变或新的市场机会出现时，轻装上阵的初创企业往往能够更快地捕捉并响应这些变化，从而在竞争激烈的市场中脱颖而出。

3. 要始终关注市场和技术的动态

技术创新是企业持续发展的动力源泉。我们不一定要进行大规模的研发，但要保持对新技术的敏感度和学习热情。我们要关注行业动态，紧跟科技潮流，不断研发新的技术和产品。通过技术创新，我们能够在市场上抢占先机，赢得更多的市场份额和利润。同时，技术创新还能提升企业的核心竞争力，使我们在激烈的市场竞争中立于不败之地。

4. 注重知识产权保护

在初创企业的发展过程中，知识产权保护是不可或缺的一环。企业的核心技术和创意是自身最宝贵的资产，也是推动持续创新和保持竞争优势的关键。因此，及时为这些技术和创意申请专利保护至关重要。通过申请专利，企业可以确保自身技术成果在一定时间内得到法律的保护，避免知识产权纠纷和技术被盗用。这不仅有助于维护企业的合法权益，还能为企业在激烈的市场竞争中提供有力的法律保障。所以，对于创业企业来说，加强知识产权保护意识，积极申请专利，是确保企业稳健发展的重要举措。

5. "跨界合作"打开新视野

在快速变化的市场环境中，"跨界合作"正成为企业突破传统界限、探索新机遇的重要途径。初创企业或成熟企业，不应局限于自身所处的行业框架内，而应积极寻求与其他行业企业的合作机会。这种跨界合作不仅有助于打开新的市场和视野，还可能促成全新的思维碰撞和业务模式创新。

例如，一个时尚品牌可以通过与科技公司跨界携手，共同探索将时尚与科技完美融合的新产品，如智能穿戴设备等。这样的合作不仅能为时尚品牌注入科技元素，拓展其产品线，还能帮助科技公司进一步拓宽其技术的应用场景，实现双赢。更重要的是，这种跨界合作有助于双方拓展新的客户群体，发现之前未曾触及的市场细分领域。

"跨界合作"不仅是一种策略，更是一种以开放心态面对市场变化的智慧，它能帮助企业在不断变化的市场环境中找到新的增长点和竞争优势。

6. "数据驱动"决策与人工智能的融合

在人工智能和AIGC技术日益成熟的今天,数据不仅是推动企业发展的宝贵资源,更是令AI技术释放无限可能性的关键。初创企业应当紧跟时代步伐,充分利用这些先进技术来指导自身的决策过程。

AI和AIGC技术能够帮助企业更高效地收集和分析海量数据。通过先进的算法和模型,AI可以自动筛选、整合和解析来自不同渠道的数据,如用户行为数据、市场趋势数据等。这种高效的数据处理能力不仅能为企业节省大量时间和人力成本,还能够为企业提供更全面、深入的数据洞察。

基于AI的数据分析能够为企业带来更加精准和智能的决策支持。通过对用户数据进行深度挖掘,AI可以揭示用户的潜在需求和偏好,帮助企业精准定位目标用户群体,优化产品设计和营销策略。同时,AI还能够分析市场趋势和竞争态势,为企业提供市场预测和竞争策略建议,助力企业抢占市场先机。

此外,AIGC技术的应用进一步拓展了数据驱动决策的可能性。AIGC技术可以根据企业的需求自动生成文本、图像、视频等多样化内容,为企业提供更加丰富和生动的数据展示形式。这不仅有助于提升数据解读的直观性和趣味性,还能够帮助企业更好地传达信息和价值观,增强自身与用户之间的连接和互动。

7. 保持财务健康对于初创企业来说尤为关键

做好财务管理是确保企业稳健运营的关键。一个企业从一开始就要建立良好的财务制度和预算计划,确保每一分钱都用在刀刃上。我们要制定合理的预算和计划,严格控制成本开支,确保企业的资金安全。同时，我们也要有风险意识，为可能出现的困难做好预案。我们需要关注市场变化和潜在风险，及时制定应对策略，避免企业因不可预见的风险而陷入困境。

8. 不要忽视企业的社会责任

一个优秀的企业不仅要追求经济效益，还要积极承担社会责任，为社会作出积极的贡献。即使一个小型的初创企业，也可以通过自己的方式为社会作出贡献，如参与当地的社区活动或支持某个公益事业。这不仅能够提升企业的形象，还能培养团队的凝聚力和员工的社会责任感，进一步推动企业的持续发展。

我的创业营学员许致明所创办的健康中心，以其独特的健康理念和创新的服务模式，吸引了众多追求健康生活的都市人群。

许致明的健康中心是一家集健康咨询、检测评估、运动训练、饮食指导和心理辅导于一体的综合性健康管理服务机构，致力于为客户提供全方位、个性化的健康服务，帮助客户实现身心健康的生活目标。

许致明成立健康中心的初心，就是为都市人群提供一个可以放松身心、追求身心健康的空间。这一初心源于创始人许致明对健康生活的深刻理解与热爱。他明白，在快节奏的生活中，人们往往为了工作而疏忽身体的健康，因此，他希望通过创办健康中心，帮助人们找回对生活的热爱，对健康的追求。

为了塑造与众不同的品牌形象，许致明的健康中心在开业筹备阶段就进行了深入的市场调研，明确了自己的目标客户群体——那些注重生活质量、追求健康生活的中高收入人群。基于此，他们精心设计了品牌标识、场地装修以及宣传语，确保每一处细节都能准确传达健康中心的核心理念：健康、自然、和谐。

除了视觉上的统一，健康中心还非常注重与客户建立情感连接。他们定期举办各类健康讲座、体验课程以及会员活动，让客户在参与的过程中感受到品牌的温度和专业性。这种持续的品牌塑造策略，不仅增强了客户对品牌的忠诚度，还为企业带来了源源不断的良好口碑。

轻资产、重服务

许致明没有选择传统的重资产运营模式，而是采用了轻资产、重服务的策略。中心没有投入大量资金建设自己的健身场地和设施，而是与多个优质的健身房、游泳馆等进行合作，通过资源共享来降低成本。同时，他们还专注于提供个性化的健康咨询、营养配餐、运动计划等服务，以满足不同客户的需求。

技术引领与市场洞察

许致明认为，要想在竞争激烈的市场中脱颖而出，必须紧跟科技潮流，不断提升自身的技术实力。因此，他们引入了最先进的健康检测设备，能够为客户提供全面、精准的身体检测和数据分析。这些设备不仅可以监测客户的基础生理指标，还能评估其体能状况、运动表现等。

除了硬件设备的投入，许致明还注重软件开发和数据分析能力的提升。他们自主研发了一套健康管理系统，能够实时记录客户的身体状况、运动数据以及饮食习惯等信息，并为客户生成个性化的健康报告和运动计划。这套系统不仅提高了健康中心的服务效率，还能让客户更加直观地了解到自己的身体状况，从而更有针对性地实施健康管理。

在市场洞察方面，许致明的健康中心也表现出极高的敏锐度。他们通过社交媒体、行业报告、市场调研等多种渠道收集信息，及时了解市场动态和客户需求的变化。同时，他们还密切关注国内外健康产业的发展趋势，以便及时调整自己的业务模式和服务内容。这种前瞻性的市场洞察能力，为健康中心的发展提供了有力的保障。

跨界合作与共赢

为了拓宽业务领域，健康中心积极寻求与其他行业的跨界合作。他们与餐饮、旅游、保险等行业的企业建立了合作关系，共同打造健康生态圈。例如，他们与一家知名餐厅合作推出了健康主题套餐，既满足了客户的口腹之欲，又兼顾了营养均衡；与保险公司合作推出了健康管理保险计划，为客户提供全方位的保障。

数据驱动与精准决策

在许致明的企业，数据被视为一种宝贵的资源。他们深知，只有进行精准的数据分析，才能更好地了解客户需求、优化服务流程、提升用户体验。因此，他们建立了一套完善的数据收集和分析体系。

首先，他们通过自研的健康管理系统和各类检测设备收集了大量客户数据。这些数据涵盖了客户的身体状况、运动习惯、饮食习惯等多个方面。然后，他们利用先进的数据分析工具对这些数据进行深入挖掘和分析，发现了隐藏在数据背后的规律和趋势。

基于这些数据洞察，健康中心能够作出更加精准的决策。例如，他们发现某一类客户对瑜伽课程特别感兴趣，于是增加了瑜伽课程的种类和频次，以满足这部分客户的需求。又如，他们通过分析客户的运动数据，发现某些运动项目的参与度较低，于是及时调整了这些项目的内容和形式，以提高其吸引力。

这种数据驱动的决策模式，不仅提高了健康中心的服务质量和客户满意度，还为企业带来了更多的商业机会。

财务稳健与可持续发展

许致明非常注重财务稳健这一发展策略。他们通过合理的定价策略和成本控制，确保了企业的盈利能力。同时，他们还积极寻求外部融资机会，以支持企业的快速发展和扩张计划。在追求经济效益的同时，他们也关注社会责任和可持续发展，通过参与公益活动、推广健康知识等方式回馈社会。

经过几年的努力，许致明的健康中心已经成为当地人心中的健康圣地。在这里，每个人都能找到属于自己的健康生活方式，享受令人身心愉悦的生活体验。而许致明和他的团队也坚信，只要心中有爱、有责任、有创新精神，他们就能为更多人带来健康和幸福。

第十章
美好生活：生活与创业双赢

追求美好：从海市蜃楼到触手可及的现实

在这个纷繁复杂的世界中，我们每个人都有对美好生活的渴望和追求。然而，美好的生活并不局限于物质的富足，它还涵盖更广泛的领域，包括心灵的富足、身体的健康、人际关系的和谐以及持续的学习与成长。追求美好，不仅是我们的理想，更是我们生活的动力和目标。

1. 美好生活：超越物质的追求

在现代社会中，物质的富足往往被视为美好生活的基石。我们努力工作，积累财富，希望能够过上更加舒适和富裕的生活。然而，当我们越来越深入地追求物质享受时，往往容易忽视其他更加重要的方面。

追求物质本身并不是问题，问题在于我们是否能够将其置于恰当的位置。如果我们把追求物质看作美好生活的全部，那么我们会陷入永无止境的循环中，不断地追求更多的财富和更高的社会地位，而忽视生活的真正意义。

为了跳出这个循环，我们需要重新审视自己对美好生活的定义。美好生活并不仅仅意味着拥有更多的财富和物质享受，还意味着能够在生活中找到真正的幸福和满足感。这种幸福感可以来自心灵的富足、身体的健康、人际关系的和谐以及持续的学习与成长等多个方面。

要实现这种超越物质的美好生活，我们需要找到物质和精神之间的平衡点。在满足基本物质需求的前提下，我们应该更加注重精神世界的充实和提升。具体来说，我们可以通过以下几种方式来丰富自己的精神世界：

- **读书**：阅读是一种极好的方式，可以让我们接触到不同的思想、文化和历史。通过阅读，我们可以开阔视野，提升自己的思考能力和理解能力，从而更好地理解这个世界和自己。
- **艺术欣赏**：艺术是人类情感和创造力的表达。通过欣赏音乐、绘画、雕塑等艺术作品，我们可以去感受艺术家的情感和思想，从而丰富自己的精神世界。
- **旅行**：旅行可以让我们亲身体验不同的文化和风土人情，从而拓宽我们的视野和认知。在旅行过程中，我们可以去感受不同地域的自然风光和人文景观，这些经历会让我们更加珍惜和感恩生活中的美好。
- **社交活动**：与不同的人交流和互动可以让我们了解更多的观点和想法。通过参加社交活动，我们可以结识新朋友，分享彼此的经验和见解，从而丰富自己的社交圈子和人际关系。
- **自我反思与冥想**：定期花时间进行自我反思和冥想可以帮助我们更好地了解自己的内心世界和需求。通过这种方式，我们可以更加清晰地认识自己的价值观和人生目标，从而更加坚定地追求自己的美好生活。

要超越对物质的追求去实现美好生活，我们需要更加注重精神世界的充实和提升。通过读书、艺术欣赏、旅行、社交活动以及自我反思与冥想等方式，我们可以丰富自己的精神世界并找到生活的真正意义。这样，我们不仅能够享受到物质带来的便利和舒适，更能够在精神层面找到真正的幸福和满足感。

2. 心灵富足：寻找内心的平静与真实的喜悦

心灵的富足是追求美好生活的重要组成部分，它关乎我们内心的平静、满足感和真实的喜悦。在快节奏的现代生活中，人们常常感到焦虑、有压力和空虚，这正是心灵不够富足的表现。为了真正实现心灵的富足，我们需要从多个方面入手，培养内心的平静与真实的喜悦。

要学会与自己独处。在繁忙的生活中，我们常常被各种社交活动和外界噪声所包围，很少有机会静下心来与自己对话。因此，我们应该每天抽出一段时间，远离手机和电脑，静静地坐着，感受自己的呼吸和内心的声音。这种独处的时间可以帮助我们更好地了解自己，发现内心的需求和渴望，进而实现心灵的富足。

培养感恩的心态。感恩可以让我们更加珍惜现在所拥有的一切，无论是家庭、友情还是工作。每当我们感到不满或想要抱怨时，不妨停下来想一想，我们拥有的东西其实已经很多。通过培养感恩的心态，我们可以减少自己的贪婪和不满，让自己的内心更加平静和满足。

通过培养兴趣爱好来实现心灵的富足。无论是画画、做手工、听音乐还是阅读，有一个兴趣爱好可以让我们在忙碌之余享受放松的时光。这些活动不仅可以让我们忘记烦恼，还可以激发我们的创造力和想象力，让我们的内心充满喜悦和成就感。

学会放下。人生中的许多事情是我们无法控制的，过于执着只会让我们更加痛苦和焦虑。因此，我们应该学会接受现实，放下过去的遗憾和对未来的担忧，专注于当下。只有我们真正放下内心的包袱，才能感受到心灵的富足和自由。

心灵的富足是美好生活的重要组成部分。通过以上这些方式，我们可以实现内心的平静与真实的喜悦。这样，我们不仅能够更好地应对生活中的挑战和压力，还能享受内心深处的富足和满足。

3. 身体健康：打造活力四溢的体魄

身体的健康是实现美好生活的重要基石，它直接影响到我们的幸福感、生活质量以及心灵的富足。没有健康的身体，再丰富的物质和精神生活也会显得苍白无力。因此，我们应该将保持身体健康作为追求美好生活的重要一环。

合理的饮食习惯是保持身体健康的基础。我们应该注重膳食的多样化以及营养的均衡，要摄入足够的蛋白质、碳水化合物、脂肪、维生素、矿物质和膳食纤维。同时，我们也要避免过多摄入高热量、高脂肪和高糖的食物，以减少患病的风险。此外，定期进食，避免暴饮暴食，也是保持身体健康的重要一环。

适度的运动对于身体健康至关重要。无论是散步、跑步、游泳还是瑜伽，定期的运动可以帮助我们保持健康的体态，增强免疫力，减少患病的风险。更重要的是，运动还能帮助我们释放压力，提振心情，对于心灵的富足也有着积极的影响。

良好的睡眠质量也是身体健康的保障。保证充足的睡眠时间，并尽量让睡眠时间有规律，有助于身体的恢复和精神的焕发。为了提高睡眠质量，我们可以在睡前进行一些放松的活动，如阅读、听音乐、泡一个热水澡等。

定期的体检也是保持身体健康的重要一环。 通过体检，我们可以及时了解自己的身体状况，发现潜在的健康问题，并采取相应的措施进行预防和治疗。

通过以上几点，我们可以尽可能地保持身体的健康，为追求更美好的生活打下坚实的基础。拥有了健康的身体，我们才能更好地享受生活中的每一个美好瞬间，实现心灵的富足和精神的满足。

4. 人际关系：建立深度连接，共享人生旅程

和谐的人际关系是美好生活不可或缺的一部分。人是社会性动物，我们与他人的互动和关系深刻地影响着我们的心理状态和生活质量。构建支持性的、亲密的社交网络，可以为我们提供情感支持、知识交流和共同成长的机会。

亲密的家庭关系是和谐的人际关系的基础。 家庭是我们最初的社交圈，与家人保持良好的沟通和关系，可以为我们提供情感上的支持和安全感。我们应该珍惜与家人的时光，定期举行家庭聚会，分享彼此的生活和心情，共同度过愉快的时光。

发展真挚的友情也至关重要。 朋友是我们生活中重要的支持力量，他们能够理解我们、陪伴我们渡过难关。为了维护和谐的友情，我们应该主动与朋友保持联系，分享彼此的喜怒哀乐，共同成长。此外，我们还要学会倾听和理解朋友，尊重他们的选择和决定，以与他们建立更加深厚的友谊。

在工作和学习环境中，与同事和同学保持良好的关系也是非常重要的。 我们应该尊重他人的观点和意见，积极参与团队合作，共同解决问题。通过与同事和同学进行交流与合作，我们可以拓宽视野，学

习新知识，提升自己的能力。

为了构建更加和谐的人际关系，我们还可以参加社交活动和志愿服务。这些活动可以让我们结识更多志同道合的人，拓展社交圈子。同时，通过帮助他人和传递正能量，我们还可以收获更多的友谊和尊重，让自己的生活更加充实和有意义。

5. 持续学习与成长：不断提升自我，实现个人潜能

持续的学习与成长是追求美好生活的重要驱动力。在快速变化的社会中，只有不断学习新知识、新技能，不断提升自我，才能跟上时代的步伐，实现个人的潜能和价值。

树立终身学习的理念。学习不仅仅是为了应对工作和生活，更是一种生活态度和精神追求。我们应该时刻保持好奇心和求知欲，勇于探索未知领域，不断拓宽自己的知识视野。

制定明确的学习目标和计划。我们要先明确自己想要学习什么、达到什么水平，然后制订切实可行的学习计划。这可以帮助我们更加有目的性地进行学习，提高学习效率。

在学习过程中，注重培养自己的学习能力和方法。学习如何学习比单纯学习知识更加重要。我们可以通过参加学习培训、阅读相关书籍、向他人请教等方式，不断提升自己的学习能力和方法。我们还可以借助各种学习资源和平台来提升自己的学习效果。例如，我们可以利用在线课程、读书会、研讨会等来拓宽自己的知识面和视野。

将学习与实践相结合。知识只有在实践中才能得到真正的检验和应用。我们应该积极寻找实践机会，将所学知识运用到实际工作中，通过实践来加深对知识的理解和掌握。

保持耐心和积极的心态。我们在学习过程中难免会遇到困难和挫

第十章 美好生活：生活与创业双赢

折，但我们要相信自己的能力，保持积极的心态，坚持不懈地努力下去。同时，我们也要给自己足够的时间和空间来成长，不要急于求成，耐心等待自己的进步和变化。

美好生活并不是海市蜃楼般的幻想，而是切实可行的目标。在追求美好生活的过程中，我们需要注重物质和精神的平衡发展，关注自己内心的需求和感受，注重身体健康的维护和人际关系的建立。同时，我们也要保持一种持续学习和成长的心态，不断拓展自己的视野和能力。当我们真正做到这些时，我们就会发现，美好生活其实触手可及。

在繁忙的都市中，李梅和她的丈夫张强共同经营着一家有机食品店。他们不仅是在追求物质上的成功，更是在寻求一种更为全面、健康、和谐的美好生活。

超越物质的追求

李梅和张强最初选择经营有机食品，不仅仅是出于商业考虑，而是源于对美好生活的向往。他们深知，在现代社会，物质的富足并不是人们的唯一追求，人们还追求生活质量的提升和心灵的满足。因此，他们致力于将自己的店打造成一个传递健康、环保、和谐生活理念的平台。他们不仅提供有机食品，还定期举办健康生活讲座，邀请营养专家分享健康饮食知识，让顾客在享受美食的同时，也能感受到生活的美好。

传递健康生活的理念

在经营有机食品店的过程中，李梅和张强深刻体会到了心灵富足的影响。他们坚持用真诚和热情对待每一位顾客，倾听他们的需求和反馈，用心传递健康生活的理念。他们会在店铺中布置一些绿色植物和环保装饰，营造出一种舒适、自然的氛围，让顾客在购物的同时也能感受到心灵的宁静和满足。

提供优质有机食品

作为有机食品店的经营者，李梅和张强深知食品对身体健康的影响。他们严格筛选供应商，确保所售食品均为优质、有机、无污染的绿色食品。他们还积极向顾客宣传有机食品的好处，引导大家树立健康饮食的观念。通过他们的努力，夫妻俩逐渐成了健康、有机、环保食品的代言人。

建立支持性社区

李梅和张强非常注重与顾客之间的沟通和交流。他们经常邀请顾客参加店铺的活动，如健康讲座、烹饪课程等，让顾客在轻松愉快的氛围中互相交流、学习。他们还建立了顾客微信群，方便大家随时交流心得和体验。这种互动不仅增进了顾客之间的友谊和信任，也让门店成了一个充满温暖和支持的社区。

追求专业与卓越

为了不断提升自己的专业素养和经营能力，李梅和张强积极参加各种培训和学习。他们学习有机食品的相关知识、市场动态和营销策略等，以便更好地服务顾客和推动店铺的发展。同时，他们还不断反思和总结自己的经营经验，寻找新的发展机遇和创新点。正是这种持续的学习和成长的精神，让他们的企业在激烈的市场竞争中脱颖而出，成了行业内的佼佼者。

实践平衡：在忙碌与悠闲之间找到最佳点

1. 时间管理：高效地利用好每一刻

在这个快节奏的时代，时间显得尤为宝贵。对于创业者来说，每一分钟都蕴含无限的可能和机遇。因此，学会时间管理，高效地利用每一刻，就显得尤为重要。

想象一下，你每天从早到晚忙碌不停，却总感觉时间不够用，事情做不完。而另一些人，他们似乎总能轻松应对各种任务，还能有时间享受生活和进行自我提升。这个差别，很大程度上源于时间管理能力不同。

那么，如何高效利用时间呢？首先，你需要制定一个明确的时间表，将工作时间和休息时间进行明确划分。在工作时间内，你需要全神贯注地完成任务，避免分心。同时，你还需要合理安排任务的顺序，先处理重要且紧急的事务，再处理其他事项。

此外，你还可以尝试一些具体的时间管理方法，如番茄工作法。这种方法建议将时间分成 25 分钟一段的时间段，每一段称为一个"番茄"时间。在每个"番茄"时间内，你需要全神贯注地完成任务，然后休息 5 分钟。每完成四个"番茄"时间的任务后，你可以休息更长时间，比如 15—30 分钟，以便更好地恢复精力。以下还有一些时间管理的方法供你借鉴：

制定清晰的时间表或日程：
- 每天或每周开始前，列出所有要完成的任务。
- 为每个任务分配具体的时间段，确保时间分配合理且高效。

设置时间限制：
- 为某些容易被拖延的任务，设定明确的时间限制。
- 使用计时器或提醒功能来确保在规定时间内完成任务。

避免多任务处理：
- 尽量一次只做一件事，以提高工作效率和准确性。
- 关闭不必要的通知和应用程序，减少干扰。

优化工作环境：
- 确保工作环境整洁有序，以减少寻找物品的时间。
- 使用工具如便签、白板或时间管理工具来跟踪任务进度。

进行时间审计：
- 定期回顾自己的时间使用情况，找出效率低下的环节。
- 根据审计结果调整时间管理策略，以更好地利用时间。

利用 App 工具：
- 使用日历应用程序来跟踪和管理日程安排。
- 利用提醒功能确保不会错过任何重要事件或任务。
- 尝试使用时间管理或任务管理应用程序，如 Todoist、Trello 等。

持续学习和改进：
- 阅读关于时间管理的书籍和文章，以获取新的方法和技巧。
- 与他人分享和交流时间管理经验，互相学习和成长。

除了工作时间的管理，休息时间的安排也同样重要。合理安排休息时间，可以帮助你恢复精力，提高工作效率。你可以在休息时间进行一些放松的活动，如散步、阅读或者听音乐等。

时间管理是一门艺术，也是一项技能。通过合理的时间规划和管理，你可以更加高效地利用时间，实现生活与工作的平衡。记住，时间就像一块宝贵的金子，只有精心雕琢，才能闪耀出最美的光芒。

2. 设定优先级：重要与紧急的任务排序

在我们日常的工作和生活中，我们总是被各种任务和活动包围。临近截止日期的项目、突发的紧急情况、日常的琐事，常常会让我们感到手忙脚乱，不知所措。然而，通过合理地设定优先级，我们可以更加有序地应对这些挑战，确保重要且紧急的任务得到及时处理，同时也不会忽视其他重要但不紧急的事务。

在设定优先级时，我们需要明确区分任务的重要性和紧急性。重要性是指任务对我们个人或组织目标的影响程度，而紧急性则是指任务完成时限的紧迫程度。根据这两个维度，我们可以将任务分入四个象限：重要且紧急、重要但不紧急、紧急但不重要、不重要且不紧急。

重要且紧急的任务：这类任务通常需要我们立即处理，且对实现目标具有关键影响，比如，完善一个即将到期的项目报告，或者处理一个突发的客户问题。面对这类任务，我们需要立刻采取行动，确保它们得到及时解决。

重要但不紧急的任务：这类任务虽然不需要立刻就完成，但对我们的长远目标具有重要意义，比如，制订一个长期的工作计划，或者提升个人的专业技能。对于这类任务，我们需要将其纳入日程，并在合适的时间内逐步完成。

紧急但不重要的任务：这类任务往往是由他人提出的，需要立即被处理，但对我们的目标影响不大，比如，回复一个突如其来的会议邀请或者一个不太重要的邮件。面对这类任务，我们需要根据自己的时间安排和重要性做判断，决定是否立即处理。

不重要且不紧急的任务：这类任务通常是我们生活中的琐事，既不重要也不紧急，比如，浏览社交媒体，或者看一部电影。这类任务可以在我们需要适当放松时进行，但不应成为我们日常生活的主旋律。

李强，一个初创公司的CEO，在某个周五早上醒来，发现自己正面临一大堆待办事项。他看着手机里的提醒和满桌的文件，深吸了一口气。

首先，一个名为"××科技合作项目"的文件夹引起了他的注意。这是一家知名科技公司即将与他们展开的合作，下周二就是提交项目计划书的最后期限。这个项目如果成功，将为公司带来巨大的业务增长。显然，这是一项既重要又紧急的任务。

第十章 美好生活：生活与创业双赢

李强决定，今天的主要工作就是完善这份项目计划书。他打电话给团队成员，安排了一个紧急会议，共同讨论和修改这份计划书。

在讨论间隙，李强想起了另一件事——制订公司下半年的市场扩展计划。它虽然不像项目计划书那么紧迫，但对公司的长远发展至关重要。他决定，在处理好项目计划书后，要立即着手制订这个市场扩展计划。

会议结束后，李强回到办公室，开始专注地修改项目计划书。这时，他的助理小王走了进来，提醒他下午有一个供应商会议。李强看了看日程表，发现这个会议虽然紧急，但并不是很重要，可以交给小王去处理。于是，他吩咐小王代替他出席会议，并记录会议要点。

整个上午，李强都在全神贯注地修改项目计划书。午饭后，他稍微休息了一会儿，然后着手制订市场扩展计划。

在制订市场扩展计划的过程中，他不断接到电话和邮件，有的要求他确认一些细节，有的邀请他参加各种活动。李强根据任务的重要性和紧急性，有选择地进行了回应。

傍晚时分，当李强完成市场扩展计划的初稿时，他感到一阵轻松。虽然还有很多任务等待着他去完成，但至少他已经把最重要和最紧急的任务处理好了。

这个周五对李强来说既充实又高效。他通过合理设定任务的优先级，成功应对了工作中的挑战。下周，他将带着完善的项目计划书和初步的市场扩展计划，满怀信心地迎接新的工作挑战。

在这个具体的案例中，我们可以看到李强是如何根据任务的重要性和紧急性来设定优先级的。他首先完善了重要且紧急的项目计划书，然后着手制订了重要但不那么紧急的市场扩展计划的初稿。同时，他还灵活地应对了其他紧急但不重要的任务，确保了自己的工作效率和效果。

3. 学会拒绝：保护自己的时间与精力

在日常生活和工作中，我们经常会遇到各种各样的请求和任务。有些请求可能会超出我们的能力范围，有些任务可能并不符合我们的目标和价值观。如果我们学不会拒绝，就会不断地被这些琐事所困扰，无法专注于自己真正想做的事情。长此以往，我们的时间和精力都会被消耗殆尽，生活质量和工作效率也会大幅下降。

拒绝并不意味着冷漠或无情，它是一种自我保护和生活智慧。以下是一些建议，可以帮助你学会巧妙而有效地拒绝：

- 明确并坚守你的边界

在拒绝之前，你首先要清楚自己的边界在哪里，哪些事情是你愿意做的，哪些事情超出了你的能力范围。明确这些之后，当面临请求时，你就能更迅速地判断是否需要拒绝。

小杨是一位设计师，他在一家广告公司工作。由于他设计才华出众，同事们经常向他求助，希望他帮忙完成一些设计任务。这些额外的任务让小杨感到压力倍增，甚至影响到了他原本的工作进度。

为了解决这个问题，小杨开始学习拒绝。首先，他明确了自己的目标和价值观：他希望能够专注于自己的设计项目，并不断提升自己的设计能力。然后，当同事向他提出请求时，他开始尝试说"不"。他礼貌地解释了自己的时间和精力有限，无法同时处理过多的任务。同时，他还提供了一些替代方案，如推荐其他设计师或提供一些设计建议。

随着时间的推移，小杨逐渐设定了明确的界限。他告诉同事们，他会在自己有空闲时间的情况下尽量提供帮助，但前提是自己的工作任务能够按时完成。这种明确的界限让同事们更加尊重小杨的决定，并减少了对他的额外期望。

通过学会拒绝并设定界限，小杨成功地保护了自己的时间和精力。他能够更加专注于自己的设计项目，提升自己的设计能力，并在工作中取得更好的成绩。同时，他也与同事们保持了良好的关系，因为他们能够理解并尊重他的决定。

- 使用"我"语言

拒绝时，你可以尽量使用"我觉得""我需要"等以"我"为主语的语言，而不是"你应该""你不应该"等指责性的语言。这样可以更容易让对方接受你的拒绝，而不会感到被攻击。

例如，你可以说"我现在需要集中精力完成我的项目，所以可能无法帮你完成这个任务"，而不是"你不能总是依赖我，我也有自己的事情要做"。

- 提前防范

如果你知道自己经常会被某些类型的请求所困扰，不妨提前防范。比如，你可以在团队会议或社交场合中明确表示自己近期的工作重点和个人计划，这样别人在提出请求之前就会对此有所考虑。

- 提供替代资源

当你无法直接满足对方的请求时，你可以提供其他资源或建议作为替代。这样既能表达你的关心和支持，又能坚守自己的边界。

例如，朋友请你帮忙设计一个海报但你确实没有时间，你可以推荐一些在线设计平台或者专业的设计师给他们。

- **保持一致性**

一旦你设定了边界并以此拒绝了某个请求,你就要保持一致性,不要因为对方的坚持或者自己的情绪波动轻易改变决定。这样会让你的拒绝更加有力且可信。

- **给予合理的解释**

虽然拒绝是你的权利,但给予对方一个合理的解释可以让对方更容易接受你的决定。你可以简单明了地说明你为什么无法满足他们的请求,以及你当前的重点工作是什么。

- **练习说"不"**

对于很多人来说,拒绝别人并不是容易的事。因此,练习说"不"是很有必要的。你可以从一些小事情开始练习,比如拒绝一个不必要的聚会邀请或者一个不太感兴趣的项目合作。通过不断的实践,你会逐渐变得更加自信和果断。

以下两个示例,可以帮助你掌握在不同场景下,如何更好地拒绝别人:

- **拒绝同事**

假设你是一名市场营销专员,你的同事小李向你提出了一个请求。

小李:"嗨,老易,我这周要参加一个重要的行业会议,但我的报告还没准备好。你能帮我整理一下报告并做个漂亮的PPT吗?我知道你很擅长这个,而且这个会议对我来说真的很重要。"

虽然小李的请求听起来很诚恳,但你已经有了自己的工作计划,并且PPT制作并不是你的主要职责。这时,你可以这样拒绝:

你："小李，我很理解你的时间的紧迫性和这个会议的重要性。不过，我这周的工作任务已经排得很满了，可能无法抽出足够的时间来帮你制作 PPT。但是，我可以给你一些建议和指导，帮助你更好地完成报告。或者，如果你需要，我可以帮你联系我们部门的设计师，看他是否有空协助你。你觉得怎么样？"

在这个示例中，你首先表达了对小李的请求的理解，然后明确表述了自己的工作状况和无法直接满足请求的原因，你还提供了替代性的帮助，既表达了对小李的支持，又坚守了自己的工作边界。这样的拒绝方式既礼貌又有效，既能够维护良好的同事关系，又能保护自己的时间和精力。

- **对上级的拒绝**

拒绝领导的请求时，你需要表现得更加谨慎和尊重。以下是一个拒绝领导请求的示例：

领导："老易，我这边有个紧急的项目报告需要整理，你能否今晚加个班，帮我把这个报告赶出来？我知道这可能会打乱你的计划，但这个报告对明天的会议非常重要。"

虽然领导的请求很紧急，但如果你因为其他重要任务或者个人原因无法加班，你可以这样拒绝：

你："领导，我完全理解这个报告的重要性和紧迫性。不过，我今晚原本计划完成另一个重要项目，那个项目也是之前您特别关注的，而且已经接近尾声了。如果我现在转而做这个报告，可能会影响到那个项目的进度。您看是否可以让其他同事协助完成这个报告？或者，如果可能的话，我可以在明天早上尽早到公司来处理这个报告。"

在这个示例中，你首先表达了对领导请求的理解，并说明了无法加班的原因，即已有其他重要任务。然后，你提出了可能的解决方案，如请其他同事协助或者调整工作时间来处理报告。这样的拒绝方式既表达了你对工作的认真态度，又显示了你对时间有合理规划，同时也给了领导其他的选择。

拒绝领导的关键是保持尊重和专业，同时提供合理的解释和替代方案。这样，你既能够保护自己的工作和个人时间，又能够维持与领导的良好关系。

学会拒绝不仅可以帮助我们保护自己的时间和精力，还能带来以下好处：

- **提高工作效率**：当我们拒绝那些与本职工作无关的请求时，我们就可以更加专注于自己的任务，从而提高工作效率。
- **减轻压力**：过多的任务和请求会给我们带来巨大的压力。学会拒绝后，我们可以更加合理地分配自己的时间和精力，从而减轻压力。
- **提升生活质量**：有了更多的时间和精力，我们可以更好地享受生活，陪伴家人和朋友，提升自己的幸福感。

妥善拒绝他人是一项重要的生活技能。通过明确自己的目标和价值观、保持坚定且礼貌的态度以及提供替代方案等方法，我们可以更加优雅地拒绝那些不符合自己需求的请求和任务。这样不仅可以保护我们的时间和精力，还能让我们更加专注于自己真正想做的事情，提高我们的生活质量和工作效率。

休闲与放松：为身心充电的必要环节

在快节奏的生活中，我们时常被各种任务和压力包围，仿佛永远都在和时间赛跑。但是，正如一辆跑车需要定期维护和加油才能保持最佳状态一样，我们的身心也需要通过休闲与放松来充电，以维持良好的生活和工作状态。

1. 休闲与放松能够帮助我们减轻压力

当我们感到压力巨大时，我们的身心都会处于一种紧张状态，长此以往，会对健康产生负面影响。而休闲活动，如散步、听音乐、阅读等，能帮助我们放松身心，缓解压力。

2. 休闲与放松能提高我们的创造力和解决问题的能力

当我们从繁忙的工作中抽离出来，让大脑得到休息时，我们的思维会变得更加活跃，更容易产生新的想法和问题的解决方案。

3. 休闲与放松是维护人际关系的重要途径

通过参与社交活动、与家人朋友聚会等休闲方式，我们可以增进对彼此的了解和彼此之间的感情，增强社交支持，从而更好地应对生活中的挑战。

不同的人有不同的休闲方式。以下是一些通用的建议：

- **定期安排休闲时间**：不要等到身心疲惫时才想起休息，我们应该提前规划好休闲时间，并将其纳入日程表中。
- **选择适合自己的休闲方式**：有些人喜欢户外运动，有些人则喜欢宅在家里看电影或听音乐。关键是要找到适合自己的休闲方式，让自己真正感到放松和愉悦。
- **与他人分享休闲时光**：与亲朋好友一起进行休闲活动可以增进彼此之间的感情。我们可以尝试组织一些聚会或户外活动，增进彼此之间的了解。
- **学会放下工作和压力**：在休闲时间里，我们可以尽量让自己远离工作和压力，可以通过瑜伽等方式来帮助自己放松身心，减轻压力。

放松的具体方法有很多，其中正念和冥想是非常有效的两种。以下是对这两种方式的实操的介绍：

1. 正念放松方法

- 保持赤子之心：以新鲜的视角看待事物，就像初次接触一样，带着好奇感去体验。
- 不加评判地觉察：对任何体验都进行公正的观察，不为想法、情绪或感觉贴上好坏、对错等标签。
- 确证并认同：确证并认可事物的本来面目，不试图改变或抗拒。
- 顺其自然：让事物保持本来面目而不加干涉，不试图改变当前的事物。

- 自我关爱：培养对当前自我的关爱，不自责与批评。
- 通过保持上述正念态度，你可以在日常生活中更加放松和自在地应对各种情况。

2. 冥想放松方法

- 选择固定的时间和地点：每天在同一时间、同一地点打坐有助于调整生物节律并养成习惯。
- 创建独立空间：找一个安静、舒适的地方，与外面的世界完全隔开来。这有助于我们更好地集中注意力。
- 挺直脊椎：盘腿而坐或坐在舒适的椅子上，将脚平放在地板上，挺直脊椎，后者有助于能量自由运行。
- 深呼吸和放松：长期缓慢的深呼吸，令吸入的气息深入腹部，然后呼气。每次呼吸时，想象清洁的能量注入身体，同时把身体的紧张和压力排出体外。
- 全身扫描：引导意识从脚趾开始，逐一扫描并放松各个部位，直到头顶。这有助于镇静神经系统，释放紧绷的情绪。

3. 其他放松方法

- 听音乐：选择轻柔、舒缓的音乐，有助于放松心情。
- 瑜伽或伸展运动：通过身体的伸展和运动来释放紧张情绪，促进身心放松。
- 与亲朋好友交流：与亲朋好友分享心情和感受，可以获得情感支持和放松。

小王，一个三十而立的都市青年，是某知名广告公司的策划经理。在快节奏的都市生活中，他每天都在追赶项目、应对客户需求和处理各种突发状况，身心俱疲。日复一日的工作压力和紧张节奏让他渐渐感到焦虑和抑郁，晚上常常失眠，白天则精神不振。

在某个周五的傍晚，当再次因为一个小错误被客户痛斥时，小王终于决定要做出改变。他不想再这样下去了，他需要一次真正的放松和疗愈。

于是，在那个周末，小王开启了他的"心灵疗愈之旅"。

他选择了一个风景秀丽的乡村小镇，那里自然的风光和淳朴的民风吸引了他。小镇上还有一家传闻中的老字号温泉旅馆，说是能让人彻底放松身心，他决定去尝试一下。

抵达旅馆后，小王被安排住进了一间带有私人温泉池的房间。他放下行李，迫不及待地跳进温泉中，感受着热水包裹全身的舒适感。那一刻，仿佛所有的烦恼都被抛到了九霄云外。

第二天，小王起了个大早，跟着旅馆提供的晨练导游去爬山。清晨的山间空气清新宜人，鸟语花香，他感觉自己仿佛与大自然融为了一体。在山顶上，他俯瞰着整个小镇，心中涌起一股莫名的感动。

下山后，小王决定去小镇上逛逛。他走进了当地的市场，与热情的摊主们交流，品尝了各种地道的小吃。他还参观了一家传统手工艺品店，亲手体验了制作陶瓷的乐趣。

晚上，小王参加了旅馆组织的篝火晚会。围着篝火，他与其他旅客分享了自己的故事和心路历程。他发现，原来每个人都有自己的烦恼和压力，但大家都在努力寻找属于自己的放松和疗愈方式。

这次旅行让小王彻底放松了下来，也让他重新审视了自己的生活和价值观。他意识到，工作固然重要，但身心的健康更是不可忽视。他决定以后要多抽出时间来关爱自己，享受生活。

回到公司后，小王以全新的心态面对工作。他学会了合理分配时间，提高工作效率，同时也更加注重与同事和客户的沟通方式。他发现，当自己心态平和、情绪稳定时，处理问题也变得更加得心应手。

这次"心灵疗愈之旅"不仅让小王找回了内心的平静与快乐，也让他在工作和生活中取得了更好的平衡。

家庭与工作：如何和谐共存，实现双赢

在这个快节奏、高效率的时代，每个人都像是杂技演员，在家庭与工作这两根钢丝间来回穿梭，努力保持平衡。但你知道吗？其实，家庭与工作并不是相互对立的，而是可以和谐共存，甚至实现双赢的！

1. 换个角度看家庭与工作

我们要明白家庭和工作并不是水火不容的。家庭是我们的避风港，工作则是我们展现才华的舞台。当你在工作中遇到挫折时，是家庭的温暖让你重新振作；而当你在家庭中享受幸福时光时，是工作的成就感让你更加自信。所以，家庭与工作其实是相互促进的，关键在于我们如何看待它们。

2. 灵活应对，巧妙融合

想要在家庭与工作之间找到平衡，就需要我们发挥一些创意和灵活性。比如，你可以尝试在家办公，这样既能照顾家庭，又不耽误工作进度。或者，你也可以和家人一起制定一个合理的时间表，让每个

人都有足够的私人空间和时间。记住，家庭与工作并不是零和博弈，而是可以实现双赢的！

3. 共同价值观，让家庭与工作更和谐

想要让家庭与工作更加和谐，就需要家庭成员建立一致的价值观。这并不意味着每个人都要有相同的工作目标，而是意味着要尊重彼此的选择和付出。比如，你可以和家人一起分享你的工作成果和喜悦，让他们感受到你的努力和付出是值得的。同时，你也要尊重家人在家庭中的贡献，让每个人都感受到自己的价值。

4. 建立强大的后援团

在家庭与工作之间穿梭，你难免会遇到一些困难和挑战。这时，建立一个强大的后援团就显得尤为重要。你可以找一些亲朋好友、同事或者邻居，组成你的支持团队。在你需要帮助的时候，他们可以及时伸出援手，让你更加从容地面对各种挑战。

在日新月异、蓬勃发展的大湾区，李强，一位互联网科技行业创业者，正用他的智慧和努力编织着一个关于家庭与事业双赢的美好故事。

李强每天最期待的就是下班回家推开门，迎接他的儿子小宇飞奔而来给予的拥抱和妻子小雅温柔的微笑。小宇总是迫不及待地展示他在学校里学到的新知识，而小雅则会在厨房里忙碌地准备晚餐，飘散的饭香让整个家充满了温暖的气息。

有一次，李强因为公司的一个紧急项目连续熬了三个通宵，才疲惫不堪地回到家。小宇见状，立刻跑过来用小手轻轻地按摩他的肩

膀,小雅则端来一杯热茶,轻声安慰:"别担心,家里永远是你最坚强的后盾。"那一刻,李强深深感受到了家庭的力量。

在公司,李强是团队的灵魂人物。他带领着一群充满激情的年轻人,共同追逐科技创新的梦想。每当遇到技术难题,他都会亲自上阵,与团队成员一起熬夜攻克。而当产品成功被推向市场,获得用户的认可和好评时,那种成就感让他觉得所有的付出都是值得的。

有一次,公司研发的一款智能设备在市场上取得了巨大的成功。李强带着团队成员一起庆祝,每个人的脸上都洋溢着喜悦和自豪。那一刻,他深深地感受到了工作的魅力和团队的力量。

为了实现家庭与工作的平衡,李强付出了很多努力。他会在工作间隙给家人打电话,询问小宇的学习情况和小雅的日常生活。每逢周末,他都会抽出时间陪伴家人,一起去公园散步、去电影院看电影或者去游乐园玩耍。这些美好的时光让他与家人之间的关系更加紧密。

同时,李强也非常注重与团队成员的沟通和协作。他会定期组织团队建设活动,增强团队凝聚力。在工作中,他善于发挥每个人的优势,让团队成员在各自的岗位上发光发热。这种和谐的工作氛围也让他的事业更加顺利。

在创业的道路上,李强遇到了很多困难和挑战。然而,他从未感到孤单和无助。因为他的身后有一个强大的后援团——他的亲朋好友们。李强之所以拥有如此强大的后援团,是因为他始终坚守诚信与正直的品质,展现出了卓越的领导能力。他对家庭的深厚情感以及真诚沟通的态度为他赢得了人们的尊重和支持。而他坚定的信念和乐于助人的精神也感染了身边的人,每当他遇到困难时,他们都会毫不犹豫地伸出援手,为他提供支持和帮助。

有一次,公司遭遇了一场严重的财务危机。就在李强焦头烂额之际，他的好友们纷纷伸出援手，有的提供资金支持，有的为他出谋划策。在他们的共同努力下，公司最终度过了这次危机。这次经历让李强更加珍惜身边的友情和亲情，也让他更加坚信家庭与工作的双赢是完全可以实现的。

如今，李强的事业蒸蒸日上，家庭也幸福美满。他用自己的实际行动证明了家庭与工作并不是相互对立的，而是可以相互促进、共同发展的。他的故事激励着身边的人去追求自己的梦想，同时也珍惜家庭的温暖和幸福。

后记
POSTSCRIPT

时代成就超级个体，奋斗创造超限人生

当我写下这个标题时，心中充满了感慨。这本书不仅是我对"超级个体"和"超限人生"理念的探索，也是我对自身成长经历的反思和总结。

时代在变，人也在变。我们生活在一个充满机遇与挑战的时代，每个人都有机会成为"超级个体"，创造属于自己的"超限人生"。但这并不是一条容易的路，想要成功，我们需要不断地学习、实践、反思和调整。

在撰写这本书的过程中，我时常回想起自己的成长历程。那些曾经的挫折、困惑和迷茫，都已经成为我成长的垫脚石。我希望通过分享我的经验和见解，激励和帮助更多的人走上自己的超限人生之路。

看着这些章节，我仿佛看到了每一个努力奋斗的个体，他们在认知觉醒中找寻自我，在追求财务自由的路上不断探索，在洞察趋势中把握机遇，在构建圈层和网络中拓宽视野，在个人发展中追求卓越，在自我修炼中提升内在，在构建个人品牌中展现价值，在追求成功中智慧行动，在生活与创业中寻找平衡。

我为有机会与你们分享这些理念和故事而感到由衷的高兴。这里的每一个字、每一句话，都凝聚了我对这个时代的理解和对人生的感悟。我希望你们在阅读这本书的过程中，能够感受到我的热情、我的坚持，以及我对每一个努力奋斗的个体的深深敬意。

最后，我要感谢这个时代，它给了我们无限的可能和广阔的舞台。让我们一起成为超级个体，一起创造属于自己的超限人生吧！

（声明：为了保护个人隐私及信息安全，本文中所提及的实际案例均已进行化名处理。这些案例仅用于阐述观点、分析情况，并不能全面反映任何具体个人或实体的真实情况。如果由此产生误解或困扰，我们深表歉意，并愿意提供进一步的解释和说明。）